C.H.BECK WISSEN

in der Beck'schen Reihe

An Papst Gregor VII. (1073–1085) schieden sich schon zu Lebzeiten die Geister, und bis heute bleibt sein Bild in der Geschichte umstritten. Beeindruckt haben stets die Eindringlichkeit seiner Worte und die Entschiedenheit seines Handelns. In diesem Buch wird in knappem Umfang ein Lebensbild geboten, das sich bevorzugt auf das Selbstzeugnis seiner zahlreich überlieferten Briefe stützt und zeigen soll, wie er im Dienste der päpstlichen Kirchenreform (seit 1046) seinen Aufstieg nahm und weniger durch konzeptionelle Ideen als durch glühenden Eifer in Erscheinung trat. Als Papst brachte er sich in allen Ländern der Christenheit zur Geltung, relativierte den Rang der salischen Monarchie in Deutschland, suchte aber nicht den offenen Konflikt mit Heinrich IV. Als die Auseinandersetzung jedoch Anfang 1076 unvermittelt an ihn herantrat, reagierte er mit ungekannter Schärfe und setzte seine geistliche Strafgewalt auch über weltliche Herrscher durch, wie sich aller Welt 1077 in Canossa zeigte. Danach indes entglitt ihm mehr und mehr das Gesetz des Handelns, so daß er schließlich von Heinrich IV. samt einem Gegenpapst aus Rom verdrängt wurde und sein Leben im Exil in Salerno beschloß. Trotz seines persönlichen Scheiterns hat er neue Maßstäbe für die «Freiheit der Kirche» gesetzt, hinter die die abendländische Entwicklung nicht mehr zurückfallen sollte.

*Rudolf Schieffer* ist Präsident der Monumenta Germaniae Historica und Professor für Mittelalterliche Geschichte an der Ludwig-Maximilians-Universität München. Er hat zahlreiche Veröffentlichungen vorgelegt, darunter den Band «Die Karolinger» ([4]2006).

Rudolf Schieffer

# PAPST GREGOR VII.

*Kirchenreform und Investiturstreit*

Verlag C. H. Beck

Originalausgabe

Satz, Druck und Bindung: Druckerei C. H. Beck, Nördlingen
Umschlagabbildung: Gregor VII., Ms. cod. lat. 5411,
Kloster Casauria, 12. Jh.; Bibliothèque Nationale Française
Umschlaggestaltung: Uwe Göbel, München
Printed in Germany
ISBN 978 3 406 58792 4

*www.beck.de*

# Inhalt


Einführung 7

1. Herkunft und Aufstieg 11
2. Archidiakon der römischen Kirche 22
3. Nachfolger des Apostelfürsten 30
4. Bischof der ganzen Kirche 38
5. Der Sohn des Kaisers 47
6. Der Zusammenstoß mit Heinrich IV. 53
7. Nach Canossa 64
8. Das Jahr der Entscheidungen 76
9. Kampf um Rom 85
10. Tod im Exil 96

Ausblick 100

Bibliographie 103
Zeittafel 108
Personenregister 111

# Einführung

Gregor VII., nach offizieller Zählung der 156. unter bislang 266 Nachfolgern des hl. Petrus, ist schon mit vielen Superlativen bedacht worden: Er war «einer der klarsten, entschlossensten, überzeugtesten Männer, von denen die Geschichte zu berichten weiß» (Dietrich Schäfer), «einer der größten Politiker aller Völker und Zeiten» (Ferdinand Gregorovius), und der «Größte, der je auf Petri Stuhle gesessen hat» (Erich Caspar). Dabei hinterließ er «den römischen Bischöfen dadurch die schlimmste Gabe ..., daß er ihnen das Streben nach der Weltherrschaft zur Pflicht machte» (Albert Hauck), während er anderen zufolge «vielleicht den entscheidendsten Durchbruch römisch-katholischer Wesensart in der Geschichte» (Friedrich Kempf) vollbracht hat.

Gemeinsam ist diesen Bewertungen die Vorstellung, daß es im Kontinuum einer zwei Jahrtausende umspannenden Institution einzelne Amtsinhaber vermocht haben, durch die Kraft ihrer Persönlichkeit herauszuragen und der Entwicklung ganz neue Impulse, gar eine andere Richtung zu geben. Der von Historikern des 20. Jahrhunderts geprägte Begriff der «gregorianischen Reform» stellt den Versuch dar, die Gesamtheit der im späteren 11. und im frühen 12. Jahrhundert herbeigeführten Wandlungen in der lateinischen Kirche und der abendländischen Welt von diesem berühmten Papst herzuleiten. Das hat sich auf einer höheren Stufe der Reflexion als überspitzt erwiesen, weil die meisten Ziele jener Reform schon vor Gregors Pontifikat in Erscheinung traten, andere geistige Urheber hatten als ihn und von Gregor allenfalls mit gesteigerter Energie und Breitenwirkung verfochten worden sind. Schicksalhaft für seinen Platz in der Geschichte wurde die mittelbar durch den Reformprozeß heraufbeschworene Auseinandersetzung mit König Heinrich IV. und der weltlichen Gewalt schlechthin, die der Papst nicht gesucht hatte, der er sich aber entschlossen stellte, als die Herausforderung unversehens an ihn herantrat. Der Kampf hat ihn zu Taten und Äußerungen von unerhörter Radikalität beflügelt, die gewiß nicht ohne die ältere Tradition des Papsttums denkbar waren und doch weit über alles hinausführten, was die Vorgänger an politischer Theologie verkündet und praktiziert hatten. Obgleich er im eigenen Leben an den Widerständen gescheitert ist, die er damit weckte, setzte er neue Maßstäbe für die «Freiheit der Kirche», hinter die der weitere Gang der Geschichte nicht mehr zurückgefallen ist.

Daß wir über Gregor VII. besser Bescheid wissen als über jeden anderen Menschen des 11. Jahrhunderts, liegt weniger an der Vielzahl von recht parteiischen Berichten und Stellungnahmen, die seine spektakulären Handlungen unter den aufgeregten Zeitgenossen hervorgerufen haben, als an dem besonderen Glücksfall der Überlieferung seines Briefregisters, das sich als einziges eines Papstes zwischen 882 und 1198 im Vatikanischen Archiv erhalten hat. Nach langer Forschungsdiskussion steht heute fest, daß es sich bei diesem Buch um ein kanzleimäßig geführtes Originalregister, nicht um eine später zusammengestellte Sammlung handelt. Die 389 eingetragenen Texte sind, abgesehen von etwa 20 Einzelstücken fremder Provenienz, parallel zu ihrer Abfassung (allenfalls mit geringem zeitlichen Verzug) nach Konzepten eingetragen und nicht mehr im Lichte später eingetretener Umstände verändert worden. Da die den Empfängern übersandten Originale in den meisten Fällen verlorengegangen sind und längst nicht immer durch Abschriften greifbar blieben, steht nicht für jedes Stück im Register fest, ob es seinen Adressaten überhaupt erreicht hat. Umgekehrt verfügen wir über eine begrenzte Anzahl von unzweifelhaft echten Briefen und Urkunden Gregors, die (aus unbekannten Gründen) nicht im Register auftauchen, ihre Überlieferung also den Empfängern verdanken dürften. Doch sind von den gut 400 bekannten Briefen Gregors nicht weniger als 360 in dem Registerband enthalten, darunter neben vielen offiziellen Verlautbarungen auch manche ganz persönliche, geradezu intime Äußerungen gegenüber Personen seines besonderen Vertrauens, die ebensowenig wie das Register im ganzen für die damalige Öffentlichkeit bestimmt waren. Sie geben authentischen Einblick in Stimmungen, Sorgen und Pläne des Papstes, von denen wir sonst keine Vorstellung hätten. Es liegt daher nahe, für ein Bild von Gregors Persönlichkeit hauptsächlich seine Briefe heranzuziehen und auch immer wieder im Wortlaut zu zitieren.

Weit weniger ins Gewicht fällt die biographische Überlieferung, die vornehmlich aus der 1128, also mehr als vierzig Jahre nach Gregors Tod, entstandenen Lebensbeschreibung des bayerischen Regularkanonikers Paul von Bernried besteht. Der Autor verarbeitete vielerlei Material aus älteren Chroniken und Streitschriften und trug auch Briefe Gregors zusammen, hat aber selbst bei einem Romaufenthalt keinen Einblick in das Registerbuch nehmen können. Er schildert den Papst vor allem als glorreichen Streiter gegen Simonie und Priesterehe sowie als leidgeprüften Widersacher Heinrichs IV. Demgemäß stehen die Ereignisse von 1073 bis 1080 im Vordergrund, während der Aufstieg Gregors wie auch die Rückschläge seiner letzten Jahre viel knapper und in konventionell-hagiographischem Stil abgetan werden. Pauls Vita verdient Interesse als Zeugnis rühmenden Gedenkens an Gregor in reformbewußten Kreisen der übernächsten Generation, gibt aber kaum eigenständigen Aufschluß über seine Erdentage. Erst recht gilt dies von zwei weiteren Lebensbildern, die später noch im 12. Jahrhundert von römischen Fortsetzern des offiziösen «Papstbuches» (Liber Pontificalis) verfaßt wurden und auf ihrerseits bekannten Vorlagen beruhen.

# I. Herkunft und Aufstieg

Über seinen Werdegang hat sich Gregor VII., der mit Geburtsnamen Hildebrand hieß, mehrfach in seinen Briefen ausgesprochen. «Von Kindheit an (*ab infantia mea*)» habe ihn, so schrieb er, der hl. Petrus «im Schoß seiner Güte behütet», sei er von seiner «Mutter, der römischen Kirche», zusammen mit anderen «im römischen Palatium aufgezogen» worden. Daraus ergibt sich, daß er früh dem römischen Bischof zur geistlichen Erziehung übergeben wurde und wahrscheinlich an dessen Hauptkirche, der Lateranbasilika, in das Gemeinschaftsleben der dortigen Kanoniker hineingewachsen ist. Daß er Römer auch von Geburt war, ist durchaus möglich, denn die Hinweise auf eine Heimat im südlichen Tuszien sind nicht näher verbürgt und konkretisieren sich erst im Laufe des 12. Jahrhunderts auf das kleine Bistum Sovana. Zeitgenössisch sind dagegen Zeugnisse, wonach er nicht von Adel gewesen sein soll. Konkrete Namen von Verwandten, die Anlaß zu genealogischen Spekulationen gegeben haben, kennen wir freilich wiederum nur aus späterer Überlieferung.

Als Zeitraum von Hildebrands Geburt kann aus den weiteren Lebensdaten die Spanne von 1020 bis 1025 erschlossen werden. Falls die im Dom von Salerno ruhenden Gebeine echt sind, deren anthropologische Untersuchung ein Sterbealter von 65 bis 75 Jahren ergeben hat, müßte er bereits im zweiten Jahrzehnt des 11. Jahrhunderts zur Welt gekommen sein. Jedenfalls dürfte er das kirchliche und städtische Leben Roms unter den Päpsten Johannes XIX. (1024–1032) und Benedikt IX. (1032–1045) aus nächster Nähe kennengelernt haben. Unter den Lehrern seiner Jugend wird einzig der hochgebildete Erzbischof Laurentius von Amalfi († 1049) genannt, ein früherer Mönch in Montecassino, der nach einem Konflikt mit dem Fürsten von Salerno in Rom im Exil lebte.

Daß auch Hildebrand in ein Kloster eingetreten, also im Laufe seines Lebens vom Mönch zum Papst geworden sei (wie einst Gregor der Große, 590–604), war bis vor kurzem einhellige Meinung der Forschung, auch wenn strittig blieb, wann und wo er seine Profeß abgelegt habe. Gregor selbst hat nie behauptet, monastischer Herkunft zu sein, aber in Kreisen der Gegner des Papstes kursierte seit 1076 dessen polemische Kennzeichnung als «falscher Mönch», was von den Anhängern nach dem Tode in der Weise pariert wurde, daß sie Gregors (vermeintliches) Mönchtum zu einem zusätzlichen Grund ihrer Verehrung machten. Tatsächlich gibt es, wie Uta-Renate Blumenthal gezeigt hat, keinerlei sicheren Beleg dafür, daß Hildebrand seine kanonikale «Laufbahn» durch die zeitweilige Aufnahme in einen Mönchskonvent unterbrochen hätte, was zugleich allen Mutmaßungen über seine frühe Beeinflussung durch die Klosterreform von Cluny den Boden entzieht.

Erstmals ins helle Licht der Geschichte trat der 25- bis 30jährige römische Kleriker durch ein Ereignis, das seine Lebenswelt grundlegend verändern sollte. Noch 1080 erinnerte er sich als Papst: «Widerwillig (*invitus*) bin ich mit dem Herrn Papst Gregor über das Gebirge (*ultra montes*) fortgezogen», und meinte damit, daß er zu den unmittelbar Betroffenen beim Eingreifen Heinrichs III. (1039–1056) in die römischen Verhältnisse gehört hatte. Der salische Herrscher war Ende 1046 zur Kaiserkrönung in Rom erschienen und hatte offenbar erst unterwegs Klarheit über die verwickelte dortige Lage gewonnen: Papst Benedikt IX. aus dem Geschlecht der Tusculaner, der jüngere Bruder seines Vorgängers und schlecht beleumundet, war zwei Jahre zuvor von einer Revolte seiner Gegner vertrieben worden, die ihrerseits einen Papst Silvester III., Parteigänger der Crescentier, installierten. Ihn konnte Benedikt zwar mit seinem bewaffneten Anhang im März 1045 wieder verdrängen, doch entschloß er sich bald darauf, das zurückgewonnene Papsttum niederzulegen und seinem Taufpaten, dem angesehenen römischen Erzpriester Johannes Gratianus, zu überlassen, der sich seit dem 1. Mai 1045 Gregor VI. nannte und dem Vorgänger eine finanzielle Abfindung zahlte. Der neue Pontifex wurde wegen seiner persönlichen Würdigkeit in kirchlichen Kreisen lebhaft begrüßt, war aber doch mit dem Makel behaftet, bei Lebzeiten zweier Vorgänger den Papststuhl bestiegen zu haben und sich den Weg dorthin auf eine Weise geebnet zu haben, die als Simonie, also verbotener geistlicher Ämterkauf, gebrandmarkt werden konnte. Für Heinrich III. war das Grund genug, sein künftiges Kaisertum nicht auf diesen Papst gründen zu wollen, weshalb er in Sutri, zwei Tagereisen vor Rom, eine Synode anberaumte, die nicht nur befand, daß Benedikt und Silvester die päpstliche Würde verwirkt hätten, sondern auch Gregor VI. bewog, durch einen Amtsverzicht Platz zu machen für einen neuen, unbelasteten Pontifex. Als solcher wurde am 24. Dezember 1046 in Rom auf Drängen Heinrichs III. der mitgereiste Bischof Suidger von Bamberg gewählt, der sich den Namen Clemens II. beilegte. Er krönte am folgenden Weihnachtstag den König aus Deutschland in der Petersbasilika zum Kaiser und übernahm die schwierige Aufgabe, unabhängig von den römischen Adelsparteien die Autorität des obersten Hirtenamtes in der Kirche ganz neu zu fundieren.

Wenn der junge Hildebrand, damals noch nicht Inhaber der höheren Weihen, dazu ausersehen oder gar genötigt wurde, den in Gewahrsam genommenen Gregor VI. als dessen persönlicher Kaplan in die Verbannung nördlich der Alpen zu begleiten, läßt das darauf schließen, daß er sich im städtischen Klerus bereits irgendwie hervorgetan hatte und dem gescheiterten Papst verbunden war, aber wohl auch daß er dem jähen Hereinbrechen der Fremden – mit einem neuen Pontifex, der Rom zuvor nie gesehen hatte – abgeneigt gegenüberstand, vielleicht sogar deshalb aus der Stadt weichen sollte. Leider wissen wir kaum etwas über das rund zweijährige Exil, das Hildebrand die längste Zeit in Köln zubrachte, wo Gregor VI. Ende 1047 starb. Daher ist auch ganz ungewiß, welche Begegnungen und Erfahrungen ihn dazu brachten, den kirchenrechtlich nicht unbedenklichen Umsturz in Rom nachträglich zu akzeptieren, so daß er fortan die Verdrängung des einheimischen Adelspapsttums billigte und in der Transferierung auswärtiger Bischöfe, die Rückhalt am Kaiser hatten, die Chance erkannte, von zentraler Stelle aus die Überwindung verbreiteter Mißstände in der Gesamtkirche in Angriff zu nehmen. Ende 1048 jedenfalls, als nach einem nur neunmonatigen Pontifikat Clemens' II., nach der zeitweiligen Rückkehr des abgesetzten Benedikt IX. und nach dem bloß dreiwöchigen Intermezzo des zweiten «deutschen» Papstes Damasus II. von Kaiser Heinrich III. ein dritter Anlauf zur Besetzung des Papststuhls genommen wurde und diesmal Bischof Bruno von Toul zum Zuge kam, war Hildebrand einer von dessen Begleitern auf dem Wege an den Tiber, wo der neue Papst Anfang Februar 1049 eintraf und den Namen Leo IX. annahm.

Mit ihm, dem eine Amtszeit von fünf Jahren beschieden war, begann das sogenannte Reformpapsttum nach seinem eher improvisierten Beginn um die Wende 1046/47 erstmals festere Kontur anzunehmen. Das Bestreben nach Erneuerung der Kirche richtete sich vor allem gegen das verbreitete Übel der Simonie, dessentwegen ja der Bruch mit Gregor VI. geschehen war, aber auch sonst gegen den laxen Umgang mit den Normen des überlieferten Kirchenrechts, von denen sich die alltägliche Praxis vielfach entfernt hatte. Solchen Zuständen energisch entgegenzutreten, sahen diese Päpste, die mit jahrelanger Erfahrung in der Leitung eines auswärtigen Bistums auf den Stuhl Petri gelangt waren, als ihre vordringliche Aufgabe an. Dabei lenkten sie ihr Augenmerk nicht allein auf die Stadt Rom, wo der Reformgedanke bis dahin kaum Widerhall gefunden hatte, sondern im Einvernehmen mit Kaiser Heinrich III. auf die gesamte (lateinische) Christenheit, und das Neuartige an ihrem Auftreten war, daß sie die universale Verantwortung, die das Papsttum seit alters beansprucht hatte, als Auftrag und Legitimation zu aktivem Handeln begriffen. Sie warteten nicht (wie durchweg ihre Vorgänger), bis ihnen von da und dort Rechtsfälle und Streitfragen zur Entscheidung vorgelegt wurden, sondern gingen dazu über, auch ungebeten gemäß ihren Vorstellungen die Autorität des Petrusamtes zur Geltung zu bringen.

Eine wesentliche Voraussetzung für sein gesamtkirchliches Regiment schuf Leo IX., indem er nach Rom wichtige Berater und Helfer aus Lothringen mitbrachte, die ihm in der fremden

Umgebung zur Seite standen und die neue Entwicklung auch konzeptionell vorantrieben. Dazu gehörten der Lütticher Archidiakon Friedrich, Bruder Herzog Gottfrieds des Bärtigen von Lothringen (später Papst Stephan IX.), der Kanzler der römischen Kirche wurde, ferner Hugo Candidus, ein Geistlicher am Frauenkloster Remiremont, als Kardinalpriester von San Clemente, sowie Humbert, Mönch der Abtei Moyenmoutier, der es zum Kardinalbischof von Silva Candida brachte, aber eben auch der junge Hildebrand, der den anderen die Vertrautheit mit den römischen Verhältnissen voraushatte und schon deshalb von erheblichem Wert gewesen sein dürfte. Leo IX. nahm ihn durch Weihe zum Subdiakon in den höheren Klerus auf und übertrug ihm wohl 1050 die Verwaltung der bedeutenden Abtei San Paolo fuori le mura, in deren Urkunden Hildebrand seither mit Titeln wie *rector*, *prepositus* oder *economus* figurierte.

Forum und zugleich Ausdrucksform der zentral gelenkten Erneuerung wurden Synoden unter der persönlichen Leitung des Papstes, womit bereits Clemens II. (noch im Beisein Kaiser Heinrichs III.) den Anfang gemacht hatte und Leo IX. gleich im April 1049 im römischen Lateran fortfuhr. Kennzeichnend für diese Frühphase ist eine deutliche Fixierung auf die Reform des Klerus, während die Laienwelt und die Vorrechte der Herrscher erst zu späterer Zeit ins Visier gerieten. Durchaus neu war, daß es die Päpste nicht bei der Bekräftigung genereller Vorschriften gegen die Simonie und für das zölibatäre Leben der höheren Kleriker beließen, sondern schon 1049 einzelne Bischöfe genötigt wurden, vor Leo IX. zur Erlangung und Ausübung ihres Amtes Auskunft zu geben und gegebenenfalls vom Papst verhängte Bußen auf sich zu nehmen. Das Bestreben, den kirchenrechtswidrigen Zuständen konkret auf die Spur zu kommen und nicht erst auf Anschuldigungen zu reagieren, trieb Leo IX. schon nach den ersten Monaten in Rom wieder zurück über die Alpen, um auch der Kirche in Frankreich und in Deutschland den neuen Geist zu vermitteln. Daß er im Oktober 1049 in Reims in Abwesenheit des französischen Königs Heinrich I. (1031–1060) nur wenige Bischöfe antraf, die sich die Begegnung mit ihm zutrauten, während er zwei Wochen später in Mainz praktisch den gesamten deutschen Episkopat mit Kaiser Heinrich III. an der Spitze vor sich hatte, zeigt erhebliche Unterschiede in der Reformbereitschaft, aber auch die maßgebliche Rolle der Herrscher für einen Erfolg des päpstlichen Bemühens.

Hildebrand hat sich allem Anschein nach nicht an den ausgedehnten Reisen beteiligt, die Leo 1050/51 sowie 1052/53 abermals über die Alpen, mehrfach auch nach Unteritalien führten und überall Gelegenheit gaben, der päpstlichen Autorität eine zuvor ungekannte Sichtbarkeit und Ansprechbarkeit zu verschaffen. Offenbar kam es ihm zu, während der häufigen Abwesenheit des Pontifex die durchaus unsichere Lage in der Ewigen Stadt unter Kontrolle zu halten. Erst im Frühjahr 1054, als Leo IX. von seinem gescheiterten militärischen Abenteuer gegen die süditalischen Normannen und der anschließenden Gefangenschaft in Benevent heimgekehrt war, brach Hildebrand, einer in diesen Jahren ebenfalls erneuerten und verstärkten Praxis folgend, ins westliche Frankreich auf, um dort als bevollmächtigter Legat im Namen des Papstes aufzutreten und dessen Hirtengewalt fern von Rom zur Geltung zu bringen. Berichtet wird von einer Synode in Tours (Mai 1054), auf der er, dem Range nach immer noch Subdiakon, lauter Bischöfen gegenübertrat und im Streit um die Abendmahlslehre des dortigen Archidiakons Berengar († 1088) dessen Erscheinen in Rom verlangte.

Eindrucksvoller noch war sein Auftreten im Februar 1056 auf einer zweiten Legationsreise nach Frankreich, bei der er auch die berühmte Abtei Cluny besucht haben dürfte. Im burgundischen Chalon-sur-Saône versammelte er Metropoliten und Bischöfe aus vier Kirchenprovinzen und machte die Szene rasch zum Tribunal darüber, wie an- und abwesende Oberhirten aus verschiedenen Gegenden Frankreichs zu ihrem Amt gelangt waren und wie sie den damit verbundenen Anforderungen gerecht wurden. Nicht weniger als sechs Bischöfe soll er schließlich nach dem glaubwürdigen, frühen Zeugnis des Kardinals Petrus Damiani († 1072) wegen simonistischer und anderer Verfehlungen ihrer Ämter enthoben haben. Für ihn selbst muß das eine prägende Erfahrung gewesen sein, spürte er doch unmittelbar die Dynamik, die sich aus der konsequenten Durchsetzung bestimmter Reformziele für die Fühlbarkeit einer höchsten Instanz in der Kirche ergab.

Während die römischen Reformer die kirchliche Lage in Frankreich von Anfang an ziemlich negativ einschätzten und vom schwachen dortigen Königtum auch keine Abhilfe erhofften, fiel ihre Wahrnehmung der deutschen Reichskirche, aus der nun ein Papst nach dem anderen hervorging, weit günstiger aus und wurde vor allem Kaiser Heinrich III. als unentbehrlicher Förderer und Beschützer betrachtet. So nimmt es nicht wunder, daß Hildebrand auf die Nachricht vom Tode Leos IX. (19. April 1054) hin seinen Aufenthalt in Frankreich abbrach und nach Rom eilte, um sich in die Regelung der Nachfolge einzuschalten, die man weiterhin nicht von den Römern, sondern vom Kaiser erwartete. Zusammen mit den ranghöheren Kardinalbischöfen Bonifatius von Albano († 1072) und Humbert von Silva Candida († 1061) begab er sich im Herbst zu Verhandlungen an den Hof Heinrichs III. und erlebte dort Mitte November 1054 in Mainz die Entscheidung für Bischof Gebhard von Eichstätt als nächsten Papst, der jedoch erst im März 1055 in Regensburg sein Einverständnis gab. In diesen Monaten, die auch einen erneuten Besuch in Köln einschlossen, hatte Hildebrand Gelegenheit zu näherer Bekanntschaft mit dem Kaiser, von dem er später als Papst stets mit Hochachtung gesprochen hat (obgleich dieser doch 1046/47 Veranlassung zu seiner Verbannung aus Rom gegeben hatte). Auf grundsätzliche Erörterungen über die salische Prärogative bei der Papstwahl scheint es hinzudeuten, daß nach 1073 der Vorwurf auftauchen konnte, Hildebrand habe einst Heinrich III. eidlich zugesichert, ohne seine oder seines Sohnes Billigung weder selbst die päpstliche Würde anzunehmen noch dies einem anderen zu gestatten.

Vermutlich im Gefolge des neuen Papstes, der als Viktor II. am 13. April 1055 inthronisiert wurde, kehrte Hildebrand nach Rom zurück. Fortan erscheint sein Name mit dem singulären

Titel *cardinalis subdiaconus* in der Datierung der Papstprivilegien, was zeigt, daß er Friedrich von Lothringen in der Leitung der Kanzlei abgelöst hat, nachdem dieser sich wegen der Feindschaft zwischen Herzog Gottfried, seinem Bruder, und dem Kaiser ins Kloster Montecassino zurückgezogen hatte. An Viktors Seite traf Hildebrand alsbald noch einmal auf Heinrich III., der sich als Höhepunkt seines zweiten Italienzuges gemeinsam mit dem Papst zu Pfingsten 1055 in Florenz auf einer stark besuchten Synode einfand, die erneut die Erfordernisse der Klerusreform einschärfte. Während Hildebrand Anfang 1056 die erwähnte zweite Legationsreise nach Frankreich unternahm, war er nicht beteiligt, als Viktor II. im Spätsommer den Kaiser in Sachsen aufsuchte. Er erfuhr daher wohl in Rom vom plötzlichen Tod Heinrichs III. (5. Oktober 1056), der die kirchenpolitische Lage von Grund auf veränderte, denn der sechsjährige Thronerbe Heinrich IV., für den vorerst die Mutter, Kaiserin Agnes († 1077), die Regentschaft führte, konnte auf absehbare Zeit keinen Ersatz bieten für die wirksame Autorität, mit der der Vater zehn Jahre lang dem erneuerten Papsttum den Rücken gestärkt hatte. Als am 28. Juli 1057 auch noch Papst Viktor II. in Arezzo starb, bestand akute Gefahr, daß der römische Adel die Gunst der Stunde nutzen und das Bischofsamt der Stadt den Auswärtigen wieder entreißen würde.

In diesem kritischen Augenblick war die Kontinuität des Reformpapsttums nur durch höchste Eile zu sichern: Ohne Fühlungnahme mit dem deutschen Hof und sogar ohne die Rückkehr Humberts und Hildebrands vom Sterbeort Viktors abzuwarten, fand bereits fünf Tage nach dessen Tod die Neuwahl statt und fiel auf den gerade in Rom anwesenden Abt von Montecassino, Friedrich von Lothringen, der sich Stephan IX. nannte. Für den früheren Kanzler Leos IX. dürfte den Ausschlag gegeben haben, daß sein Bruder Gottfried der Bärtige († 1069), inzwischen verheiratet mit der Markgräfin Beatrix von Tuszien († 1076), der mächtigste Mann in Mittelitalien war und nach dem Tod des Kaisers am ehesten eine politisch-militärische Stütze gegen den römischen Adel und die aggressiven Normannen zu bieten schien. So setzte Stephan IX. die Reihe der nicht im römischen Klerus verwurzelten, sondern von jenseits der Alpen gekommenen Päpste fort, freilich mit der Variante, daß er nicht ein Reichsbistum als Rückhalt einbrachte, sondern eine reiche und berühmte Abtei, deren Leitung er auch als Pontifex beibehielt, ebenso wie seine unmittelbaren Vorgänger ihre vorherigen Bischofssitze. In rückblickender Betrachtung begann mit seiner Wahl die folgenschwere Verselbständigung des Papsttums gegenüber der deutschen Reichskirche und dem salischen Königshof, was zunächst indes weniger einer programmatischen Neuorientierung als dem Wandel der politischen Rahmenbedingungen entsprang.

Hildebrand, dessen Funktion als Kanzler auf Kardinal Humbert überging, hat Stephans bloß achtmonatigen Pontifikat größtenteils nicht aus der Nähe miterlebt, denn er ging bereits im Oktober auf eine neue Legationsreise, von der er erst im April 1058 zurückkehrte. Sie führte ihn zusammen mit Bischof Anselm I. von Lucca (später Papst Alexander II.) zunächst in dessen Heimatstadt Mailand, wo sich eine religiöse Volksbewegung namens Pataria gegen den Erzbischof und dessen aristokratischen Klerus regte, und sodann an den Hof der Kaiserin Agnes nach Sachsen, wo man gemeinsam das Weihnachtsfest in Goslar beging und Hildebrand den siebenjährigen Heinrich IV. letztmals vor Canossa persönlich erlebte. Während die Legaten offenbar die nachträgliche Zustimmung der Kaiserin zu der «eigenmächtigen» Papstwahl Stephans IX. erreichten, beobachteten sie am Hof sozusagen hautnah das Ritual der reichskirchlichen Bischofseinsetzung durch die Kaiserin, ohne daran erkennbaren Anstoß zu nehmen.

Als Hildebrand wieder in Italien eintraf, erfuhr er, daß Stephan IX. am 29. März 1058 in Florenz verstorben war und die Römer sogleich am 5. April eine Neuwahl vorgenommen hatten, obwohl sie der bisherige Papst durch einen Eid hatte verpflichten wollen, die Wahl aufzuschieben, bis Hildebrand aus Deutschland zurückgekehrt sei (damit Klarheit über die Haltung der Kaiserin bestünde). Nicht bloß dieses Eidbruchs wegen, sondern auch weil er die bewaffnete Unterstützung der Grafen von Tusculum und weiterer Adelskreise erfuhr, stieß der erwählte Benedikt X., ein Römer und zuvor Kardinalbischof Johannes II. von Velletri, auf den entschiedenen Widerstand der übrigen Kardinalbischöfe, die aus der Stadt flohen und sich alsbald in Florenz um Hildebrand scharten. Er war es nun, der unter dem Schutz Herzog Gottfrieds die Initiative ergriff und eine Verständigung auf den Ortsbischof Gerhard, einen gebürtigen Burgunder, als künftigen Papst herbeiführte. An Kaiserin Agnes wurde eine Gesandtschaft gerichtet, die zu Pfingsten in Augsburg nicht mehr (wie unter Heinrich III.) die Benennung eines neuen Pontifex, sondern die Bestätigung einer bereits ins Auge gefaßten Person erbat. Am Hof Heinrichs IV. verweigerte man sich nicht und delegierte den für Italien zuständigen Kanzler Wibert (später Gegenpapst Clemens III.) zur Unterstützung des nächsten Reformpapstes über die Alpen. Unter solchen Voraussetzungen kam am 6. Dezember in Siena Gerhards förmliche Wahl durch die Kardinalbischöfe zustande, und Gottfrieds Heeresmacht sorgte dafür, daß er im Januar 1059 als Nikolaus II. in Rom einziehen und in St. Peter inthronisiert werden konnte.

Das bewegte Jahr 1058, das den römischen Reformern ihre Angewiesenheit auf eine weltliche Schutzmacht deutlich vor Augen führte, brachte intern einen geistigen Durchbruch von größter Tragweite mit sich. Kardinal Humbert vollendete eben damals das dritte Buch seiner Streitschrift «Wider die Simonisten», worin erstmals die Einsicht formuliert wurde, der verbreitete Kauf geistlicher Ämter sei durch die Anmaßung von Laien einschließlich der Könige bedingt, die die Ordnung des Kirchenrechts buchstäblich auf den Kopf stellten, indem sie die Verfügung über solche Würden beanspruchten und mit ungeweihten Händen die geistlichen Symbole Ring und Stab (bei der bald so genannten Investitur) übergäben. Das rührte an die Grundlagen des frühmittelalterlichen Verhältnisses von geistlicher und weltlicher Gewalt, blieb aber ohne jede faßbare Resonanz. Auch später hat sich Gregor VII. nirgends auf den bereits 1061 gestorbenen Humbert bezogen oder ihn gar zitiert. Da kaum vorstellbar ist, daß ihm die umstürzenden Gedanken seines Mitbruders verborgen geblieben sind, muß gefolgert werden, daß im Kreise der Reformer vorerst die Erfahrung der Förderung ihrer Anliegen durch den jüngst verstorbenen Kaiser überwog und keine Neigung bestand, eine fundamentale Konfrontation mit den weltlichen Machthabern vom Zaun zu brechen, indem man die Ansichten des Kardinals von Silva Candida offen zum Programm erhob.

## 2. Archidiakon der römischen Kirche

Beim Einzug Nikolaus' II. in Rom war Hildebrand als Archidiakon der römischen Kirche an seiner Seite, trat also in einem traditionsreichen Spitzenamt der kirchlichen Vermögensverwaltung auf, zu dem er während der vorangegangenen Monate der Vakanz aufgestiegen sein muß, möglicherweise im Zuge der Absprachen, die zur Nominierung Gerhards von Florenz für den Stuhl Petri geführt hatten. Die neue Rolle brachte es offenbar mit sich, daß er sich beständig in der Umgebung des Papstes aufhielt und keine auswärtige Legation mehr übernahm, sondern Rom nur verließ, um Nikolaus auf dessen Reisen innerhalb Italiens zu begleiten. Seine einflußreiche Stellung kommt wiederholt auch in den Schriften des Petrus Damiani zum Ausdruck, der als hochangesehener Ravennater Eremit von Stephan IX. auf Betreiben Hildebrands zum Kardinalbischof von Ostia erhoben worden war und in seinen Briefen und Gedichten manchen Einblick in den inneren Zirkel der Reformer gewährt: Hildebrand nannte er 1058 mit respektvollem Spott «die unerschütterliche Säule des Apostolischen Stuhls» und 1059 gegenüber Nikolaus «einen Mann von gesündestem und reinstem Ratschlag», hob im selben Atemzug aber auch die Kardinäle Humbert und Bonifatius als «die scharfen und durchdringenden Augen» des Papstes hervor und beklagte sich 1060 bei Hildebrand über dessen schroffes Auftreten.

Bereits nach drei Monaten war es soweit, daß Nikolaus II. um den 1. Mai 1059 im römischen Lateran eine Synode von mehr als 100 (fast ausschließlich italischen) Bischöfen abhalten konnte, um die Linie seines Pontifikats abzustecken. Im Rückblick auf die eben erst überstandene Sukzessionskrise wurde eine neue Ordnung der Papstwahl beschlossen, die den Kardinälen (und unter ihnen zumal den Kardinalbischöfen) das Vorrecht der Personalauswahl zugestand und die Rolle von Klerus und Volk Roms, also auch des Adels, auf eine nachträgliche, allerdings erforderliche Zustimmung beschränkte. In dieser Rangfolge, die den jüngsten Erfahrungen seit dem Tode Heinrichs III. Rechnung trug, blieb die Rolle des Kaisers unbestimmt, aber grundsätzlich weiter vorgesehen, denn in einem berühmten, vermutlich mit dem Kanzler Wibert ausgehandelten Passus des Dekrets findet sich ein rechtlicher Vorbehalt zugunsten «unseres geliebten Sohnes Heinrich, der gegenwärtig König ist und mit Gottes Fügung als künftiger Kaiser erhofft wird». Nikolaus und seine Umgebung konnten sich also vorstellen, daß der in Deutschland heranwachsende Heinrich IV. dereinst die Funktion seines Vaters als Förderer und Rückhalt für ihre Sache übernehmen und dann auch Einfluß auf die Besetzung des Papststuhls gewinnen würde. Erst vor 20 Jahren hat Detlev Jasper ermittelt, daß Hildebrands Name in der Unterschriftenliste der authentischen Fassung des Papstwahldekrets fehlt, obgleich andere Kardinaldiakone dort aufgeführt sind; falls kein Überlieferungszufall vorliegt, wäre daran zu erinnern, daß er sich auch später als Papst nirgends auf diesen Text berufen hat und der «Königsparagraph» ab 1076, freilich in einem verfälschten Kontext, stets ein Argument seiner Gegner war, die auf eine Mitsprache des salischen Herrschers bei der Papstwahl weiterhin pochten.

Hildebrands spezifischer Beitrag zur Lateransynode von 1059 bestand in einer Ansprache vor der Versammlung, die uns samt der Antwortrede des Papstes und einem Teil der nachfolgenden Diskussion im Wortlaut überliefert ist und seine älteste bekannte Äußerung darstellt. Darin richtete er einen entschlossenen Angriff gegen die verbreitete, 816 auf Geheiß Kaiser Ludwigs des Frommen eingeführte Aachener Kanonikerregel und forderte strengere Bestimmungen für das Gemeinschaftsleben der Kleriker, vor allem «nach dem Muster der Urkirche» den Verzicht auf jeglichen persönlichen Besitz, was die spontane Billigung des Papstes fand und bei der weiteren Aussprache über das angefochtene Regelwerk auch zu der Feststellung führte, sein Urheber sei «zwar ein frommer Kaiser, aber eben doch ein Laie» gewesen, der zudem «ohne Zustimmung des Apostolischen Stuhles» gehandelt habe. Hildebrands Vorstoß, der offenbar durch akute Streitigkeiten im stadtrömischen Klerus, also seinem mutmaßlichen Herkunftsmilieu, ausgelöst wurde, brachte das Ziel einer umfassenden Kanonikerreform, wozu es bereits mancherorts in Italien und im südlichen Frankreich lokale Ansätze gab, erstmals an zentraler Stelle zur Geltung und bahnte langfristig einen tiefgreifenden Wandel an, der das Ideal vom «apostelgleichen Leben» überall in der lateinischen Kirche ausbreitete.

Unmittelbar beschlossen wurde allerdings nur, daß die zur Enthaltsamkeit verpflichteten Inhaber der höheren Weihen (vom Subdiakon aufwärts) überhaupt ein gemeinschaftliches Leben mit Speise- und Schlafsaal führen sollten. So steht es in einem spärlich überlieferten Rundschreiben Nikolaus' II., der nach einer knappen Zusammenfassung des Papstwahldekrets ferner verkündete, man habe jede Form von Simonie verurteilt und zur Durchsetzung des Zölibats die Laien aufgerufen, den Meßfeiern von Priestern fernzubleiben, die mit Frauen zusammenlebten. Dazu kam die grundsätzliche Feststellung, daß die Vergabe von Kirchen durch Laien auch dann unzulässig sei, wenn sie nicht gegen Geld, sondern gratis geschehe. Doch da weder ausdrücklich von Königen noch von Bistümern die Rede war, fehlte eine Zuspitzung auf das Investiturproblem im Sinne des Kardinals Humbert, und so wurde das Postulat von Legaten während der folgenden Jahre auch allein im Hinblick auf einfache Kleriker und auf Kirchen in der Verfügungsgewalt des Adels verfochten. Am Hof der Kaiserin und im deutschen Episkopat hat man wahrscheinlich gar nichts davon erfahren.

Eher geeignet, dort Mißtrauen und Unmut zu wecken, war wohl die politische Annäherung des Papsttums an die als Reichsfeinde betrachteten Normannen in Unteritalien, wobei wiederum Hildebrand als treibende Kraft in Erscheinung trat. Erste Kontakte knüpfte er schon früh im Jahr 1059 zu Richard von Aversa († 1078), dem Gebieter von Capua, als es darum ging, den zuvor aus der Stadt entwichenen Gegner Benedikt X. im südlichen Vorfeld Roms mit normannischer Hilfe dingfest zu machen. Bei den weiteren Verhandlungen, vermittelt durch den neuen Abt Desiderius von Montecassino (später Papst Viktor III.), seit 1059 auch Kardinalpriester von Santa Cecilia, traf sich das Bedürfnis der päpstlichen Seite nach einer wirkungsvollen Schutzmacht in erreichbarer Nähe mit dem Wunsch der Normannenführer, für ihre eroberten Herrschaften im Mezzogiorno, gegen die noch Leo IX. zu Felde gezogen war, eine förmliche Anerkennung zu erreichen. Am 23. August war es soweit, daß Nikolaus II., begleitet von Desiderius, Humbert und Hildebrand, im Rahmen einer Synode in Melfi mit Robert Guiscard († 1085), «Herzog von Apulien», und Richard, «Fürst von Capua», zusammenkam, die ihm den Vasalleneid leisteten und dabei versprachen, für den Schutz der römischen Kirche und insbesondere die Freiheit künftiger Papstwahlen durch die «besseren Kardinäle» einzustehen. So entstand am südlichen Rande der lateinischen Welt erstmals eine päpstlich approbierte weltliche Macht, die sich den römischen Bischöfen als Bündnispartner geradezu aufgedrängt hatte, sich in der Folgezeit nur als bedingt verläßlich erwies und doch für das Überleben des gregorianischen Papsttums unentbehrlich werden sollte.

Die nächste Legation an den deutschen Hof übernahm im Winter 1059/60 nicht mehr Hildebrand, sondern wie 1057/58 nochmals Bischof Anselm I. von Lucca. Von Spannungen verlautet in den Quellen nichts, vielmehr nahm Anselm, selbst einst von Heinrich III. mit Ring und Stab investiert, auch diesmal wohlwollend an einer solchen Zeremonie teil, bei der Kaiserin Agnes Anfang 1060 den Fuldaer Abt Siegfried zum Erzbischof von Mainz (1060–1084) einsetzte. Mißhelligkeiten, als deren Ursache die Forschung – ohne sicheren Beleg – das Normannenbündnis ansieht, wurden erst im folgenden Jahr spürbar, als Kardinal Stephan von San Grisogono († 1069) nach dem Zeugnis des Petrus Damiani trotz tagelangen Wartens am Hof nicht vorgelassen wurde und dort sogar eine «Verurteilung» (*damnatio*) von Entscheidungen des Papstes Nikolaus erfolgt sein soll. Die Lage war noch nicht bereinigt, als Nikolaus II. am 20. Juli 1061 in Florenz starb. Offenbar deshalb suchten die Kardinäle anders als drei Jahre zuvor nicht mehr die Verständigung mit der Kaiserin, sondern erhoben in Rom auf maßgebliches Betreiben Hildebrands den eben genannten Anselm von Lucca zum Nachfolger, nochmals einen am deutschen Hof gut bekannten Reichsbischof, der am 1. Oktober unter dem Schutz der Normannen als Alexander II. inthronisiert wurde. Kaiserin Agnes hingegen ließ sich von Abgesandten des römischen Adels und dem päpstlichen Primat abgeneigter Kreise des lombardischen Episkopats dazu bestimmen, im Namen ihres Sohnes am 28. Oktober von Basel aus Bischof Cadalus von Parma (1045–1071/72) zum neuen Papst zu proklamieren, der sich Honorius (II.) nannte. Damit war unversehens ein Schisma entstanden, bei dem der salische Hof im Bunde ausgerechnet mit den 1046 von Heinrich III. verdrängten Kräften stand und sich dem inzwischen stark gewachsenen Verlangen nach kirchlicher Erneuerung entgegenstellte, ohne im übrigen die Machtmittel zu haben, um in Rom den eigenen Willen durchzusetzen.

Die Auseinandersetzung war keineswegs von vornherein entschieden, da Cadalus beim Vordringen nach Rom auf einen ernstzunehmenden Anhang zählen konnte. Hildebrand kam es als Archidiakon zu, 1062/63 alle Kräfte für die Verteidigung Alexanders II. und der Vorherrschaft in der Stadt zu mobilisieren, wozu er auch wieder normannische Waffenhilfe herbeiholte. Wieweit er sich persönlich an den wechselvollen Kämpfen beteiligt hat, ist aus den polemischen Äußerungen seines Gegners Benzo von Alba († 1089/90) kaum zu ersehen. Wesentlich für den Ausgang wurde, daß der Rückhalt für Cadalus am deutschen Hof nicht von Dauer war, da sich die Kaiserin bald schon enttäuscht aus dem politischen Leben zurückzog und resolute Reichsbischöfe um Erzbischof Anno von Köln (1056–1075) das Regiment übernahmen, indem sie im April 1062 den jungen König in ihre Gewalt brachten. In Absprache mit ihnen zog Herzog Gottfried nach Rom und bewog beide Rivalen, in ihre Bistümer Lucca und Parma heimzukehren, bis eine Reichssynode über das Schisma entschieden hätte. Eine solche tagte Ende Oktober in Augsburg und gestattete Alexander die einstweilige Rückkehr auf den Papststuhl, behielt das endgültige Urteil jedoch einer weiteren Synode vor. Als diese nach neuen Kämpfen um Rom auf der Basis einer Absprache zwischen Petrus Damiani und Anno von Köln für Mai 1064 in Mantua anberaumt wurde, war Hildebrand entschieden dagegen, sich noch einmal der schlichtenden Autorität der salischen Reichskirche zu unterwerfen, und wurde deshalb in einem Brief Damianis gar als «mein heiliger Satan» getadelt, während Alexander, weniger prinzipiell denkend, sich in Mantua einfand und die gegen seine Person gerichteten Beschuldigungen mit einem Reinigungseid ausräumte, jedoch die Rechtfertigung des Normannenbündnisses erst gegenüber dem König selbst bei dessen Kaiserkrönung in Aussicht stellte. Am Ende stand die Verurteilung des abwesenden Cadalus. Auch wenn die Sache also halbwegs versöhnlich ausging, hat doch das zweieinhalbjährige Schisma gewiß das Vertrauen Hildebrands und der römischen Reformer in die Berechenbarkeit der salischen Politik nachhaltig erschüttert.

Eine Wendung zum Besseren traute man in Rom dem jungen Heinrich IV. zu, der 1065 selbständig zu regieren begann, während seine Mutter Agnes dauerhaft an den Tiber übersiedelte, um sich in den Dienst des Papsttums zu stellen. Daß Heinrichs allseits erwarteter Romzug zur Kaiserkrönung immer wieder verschoben wurde und schließlich gar nicht zustande kam, lag nicht an Vorbehalten Alexanders II., der sich in Italien durchaus ein Gegengewicht zu den unruhigen Normannen wünschte und von der Erneuerung des salischen Kaisertums gewiß keine Rückkehr zu der Abhängigkeit von Heinrich III., aber doch wieder spürbare Förderung und Absicherung der päpstlichen Reformpolitik erwartete. Statt dessen mehrten sich in Rom Klagen über simonistische und andere Mißstände auch im deutschen Episkopat, und 1069 hörte man vom Wunsch des 19jährigen Königs nach Trennung seiner 1066 geschlossenen Ehe, wogegen eilends Petrus Damiani als Legat aufgeboten wurde. Auch Hildebrand, so schrieb er später als Papst, hat damals brieflich Heinrich ins Gewissen geredet. Ein Rombesuch dreier prominenter Reichsbischöfe im Frühjahr 1070 gab Gelegenheit, die kirchliche Lage in Deutschland zu erörtern, die allmählich aufhörte, sich in den Augen der römischen Reformer positiv von anderen Reichen abzuheben.

Hildebrand erscheint in diesen Jahren vor allem mit den Aufgaben des Archidiakons in Verwaltung und Gerichtswesen beschäftigt. Er begleitete Alexander nach Unteritalien, nicht aber bei den monatelangen Aufenthalten in dessen Bischofsstadt Lucca, während derer er die Stellung in Rom hielt. Nach den Erfahrungen des Cadalus-Schismas organisierte und finanzierte er eine ständige päpstliche Miliz, die er nach einem kritischen Zeugnis aus Mailand vom Lateran aus «wie ein Feldherr kommandierte». Seine dominante Stellung kommt auch darin zum Ausdruck, daß er mehrfach von Auswärtigen eindringlich (und bis zur Bestechung) gedrängt wurde, für sie seinen Einfluß beim Papst geltend zu machen. Nicht immer war er mit Alexander einer Meinung angesichts von Simonieklagen, die Hildebrand strenger zu beurteilen pflegte, doch wird er jedenfalls mit Genugtuung registriert haben, wie der Respekt laufend zunahm, den das erneuerte Papsttum auch jenseits des salischen Imperiums fand. Gegenüber König Wilhelm, der 1066 von der Normandie aus England eroberte, rühmte er sich als Papst selber, ihm zuvor zur Übersendung einer heilbringenden Petrusfahne, also zu päpstlichem Segen, verholfen zu haben. Auch dem dänischen König erklärte er, bereits als Archidiakon für seine Belange eingetreten zu sein. Eher auf die Vermittlung des Kardinals Hugo Candidus, der als Legat in Spanien tätig war, scheint es zurückzugehen, daß König Sancho von Aragón 1068 als frommer Pilger in Rom erschien und sich samt seinem Reich dem hl. Petrus anheimgab.

Ein Petrusbanner auf Vermittlung des Archidiakons empfing 1065 auch der Ritter (*miles*) Erlembald, Anführer der Mailänder Pataria, die seit Hildebrands Besuch (1057) ihren militanten Eifer gegen unkanonisch lebende Kleriker ebenso wie gegen die Vorrechte des Stadtadels erheblich gesteigert hatte und durch den von dort stammenden Alexander II. sowie dessen Beauftragte immer offener ermutigt wurde. Als Erzbischof Wido (1045–1071) nach vielen Anfeindungen und sogar zeitweiliger Gefangennahme durch seine Gegner 1070 resignierte und dem ihm vertrauten Subdiakon Gottfried das Amt zukommen lassen wollte, indem er ihn ganz traditionell zur Entgegennahme von

Ring und Stab an den Königshof schickte, ließen die ungefragten Mailänder den neuen Oberhirten nicht in die Stadt ein. Erst nach Widos Tod schritten sie Anfang 1072 zu einer eigenständigen Wahl, bei der Erlembald jedoch mit seinem Vorhaben scheiterte, einen Bischof völlig ohne Beachtung der alten königlichen Rechte durchzusetzen. Die Mehrheit zog es immer noch vor, dem Herkommen zu folgen und das Einverständnis des Königs einzuholen. Daraufhin erhob die Pataria, unterstützt von einem päpstlichen Legaten, im Handstreich den Kleriker Atto, der sich indes ebensowenig wie sein Widersacher Gottfried behaupten konnte und bald schon unter Gewaltanwendung zu einem Amtsverzicht genötigt wurde, was in Rom unter dem ausdrücklich hervorgehobenen Einfluß Hildebrands nicht akzeptiert wurde. Papst Alexander II. exkommunizierte Gottfried (wegen Simonie) und verlangte von Heinrich IV. die Anerkennung, indirekt also die Investitur Attos als Erzbischof. Der König zeigte sich nicht bereit, seine auch in Reichsitalien übliche Prärogative bei der Bestellung der Bischöfe beeinträchtigen zu lassen, woraufhin die römische Synode zur Fastenzeit 1073 die Strafe des Kirchenbanns nicht über ihn, aber über mehrere seiner Ratgeber als Helfershelfer simonistischer Machenschaften verhängte. Es war die letzte Entscheidung Alexanders II., der am 21. April 1073 starb. Einen Tag später war Hildebrand Papst.

## 3. Nachfolger des Apostelfürsten

Was sich am 22. April 1073 abspielte, ist gut überliefert. In mehreren nach auswärts gerichteten Briefen der folgenden Tage hat der neue Papst ohne Scheu berichtet, während der Trauerfeierlichkeiten für den verstorbenen Alexander in der Lateranbasilika habe sich «ein großer Tumult und Lärm des Volkes» (*magnus tumultus populi et fremitus*) erhoben, das ihn als Nachfolger verlangt und mit physischer Gewalt (*violentis manibus*) auf den Apostolischen Stuhl gezerrt habe, was Gregor in beigezogenen Bibelzitaten mit dem Erlebnis göttlicher Berufung bei den alttestamentlichen Propheten in Beziehung setzt. Noch vor diesen im Kern gleichlautenden «Wahlanzeigen» findet sich an der Spitze des päpstlichen Registerbuches eine knappe Protokollnotiz, die festhält, die Kardinäle und weitere römische Kleriker hätten sich am Begräbnistag Papst Alexanders in der Kirche San Pietro in Vincoli versammelt und einmütig den Archidiakon Hildebrand, der von Jugend auf im Schoße der römischen Kirche erzogen und gebildet worden sei, zum Papst Gregor gewählt. Die Forschung hat sich darauf verständigt, im Nebeneinander dieser beiden Darstellungen aus derselben Quelle keinen Widerspruch, sondern die Abfolge zweier Szenen eines stürmischen Tages zu sehen, an dem die spontan erhobene Forderung nach Hildebrands Papstwahl offenbar nur mühsam in halbwegs geordnete Bahnen zu lenken war.

Daß das Geschehen nicht dem 1059 verkündeten Papstwahldekret entsprochen hat, ist Gregor 1076 von der Mehrheit der deutschen Bischöfe zum Vorwurf gemacht worden, die zumal das Ausbleiben einer Konsultation Heinrichs IV. monierten. Sie konnten damit freilich nicht aus der Welt schaffen, daß sie zuvor samt dem König immerhin drei Jahre lang diesen Papst anerkannt hatten, augenscheinlich weil sie mit allen übrigen Beobachtern, denen das Ereignis auf die beschriebene Weise mitgeteilt worden war, die Auffassung teilten, der Wille Gottes könne sich ganz unmittelbar im übereinstimmenden Votum aller Beteiligten manifestieren und schiebe dann die sonst gültigen Verfahrensregeln beiseite. Auch für Hildebrand selbst scheint die Einhelligkeit des an ihn gerichteten Verlangens von bezwingender Macht gewesen zu sein, beteuerte er doch später immer wieder, sich nicht nach der Last der höchsten Verantwortung gedrängt zu haben. «Aber», so schrieb er Ende 1073 nach Sachsen, «der Weg des Menschen ist nicht in seiner Hand, sondern in der Verfügung dessen, von dem die Schritte der Menschen gelenkt werden; daher war es mir unmöglich, gegen den Willen Gottes die geleisteten Gelübde (*concepta vota*) zu verteidigen.» Damit dürfte, wie Werner Goez entdeckt hat, auf einen anderen Einwand angespielt sein, der im Streit seit 1076 ebenfalls eine Rolle spielte, daß Hildebrand nämlich früher zugesagt habe, entweder gar nicht Papst werden zu wollen oder jedenfalls nicht ohne die Zustimmung Kaiser Heinrichs III. bzw. seines Sohnes. Gott war es, so gab er nun zu verstehen, der ihn über alle kleinlichen Bedenken hinweg zum Nachfolger Petri bestimmt hatte.

Dabei kann ihn diese Berufung nicht wirklich überrascht haben. Hildebrand, mittlerweile wohl über 50 Jahre alt, hatte die Entwicklung des Reformpapsttums, also die Entfaltung des neuartigen gesamtkirchlichen Regiments im Kampf gegen historisch bedingte Mißstände, seit seiner Rückkehr nach Rom 1049 – unbeschadet gelegentlicher Meinungsverschiedenheiten – in wachsendem Maße mitbestimmt, auch wenn die nach 1073 entstandenen Quellen gewiß dazu neigen, den Umfang seines frühen Einflusses und die Folgerichtigkeit seines Aufstiegs zu überschätzen. Konzeptionell hatte er sich auf den Anstoß zur Kanonikerreform beschränkt, der in besonderer Weise seine eigene Lebenswelt betraf, war also deutlich hinter inzwischen verstorbenen Theologen wie Humbert von Silva Candida oder Petrus Damiani zurückgeblieben, die in Traktaten und Briefen maßgeblich zur gedanklichen Klärung der neuen Ziele beigetragen hatten. Statt dessen war er vornehmlich in administrativen, ökonomischen, politischen und sogar militärischen Tätigkeiten und Funktionen aufgefallen und hatte immer wieder seine Verwurzelung in Rom zur Geltung gebracht. So wurde er nach sieben von auswärts gekommenen Reformpäpsten der erste, der wieder aus dem Schoß der römischen Kirche selbst hervorging und zuvor nie ein geistliches Amt in der salischen Reichskirche innegehabt hatte. Demgemäß fehlten ihm die Priester- und die Bischofsweihe, die am 22. Mai sowie am 30. Juni, dem Sonntag nach dem Fest Peter und Paul, nachgeholt wurden. Der letzte, der vor ihm den Weg aus dem städtischen Klerus auf den Stuhl Petri genommen hatte, war der umstrittene Gregor VI. gewesen, den er 1047 hatte in die Verbannung begleiten müssen. Zu ihm bekannte er sich nun zumindest dadurch, daß er als siebter und nicht als sechster seines Namens firmierte, aber wohl auch überhaupt durch die Wahl dieses Namens, den man nur solange in der Forschung von Papst Gregor dem Großen herleiten konnte, wie man Hildebrand für einen zeitweiligen Mönch hielt.

Trotz des andersartigen Werdegangs war von dem neuen Papst ein Kurswechsel weder beabsichtigt noch zu erwarten. Das Ziel blieb unverändert, überall die Autorität des Petrusamtes in die Waagschale zu werfen, um «die Ordnungen der heiligen Väter» wiederherzustellen. Dabei ließ Gregor von Anfang an eine ziemlich düstere Beurteilung der Gesamtlage erkennen. «Infolge der Sünden», schrieb er schon zwei Wochen nach seiner Wahl an Herzog Gottfried von Lothringen, «liegt fast die ganze Welt so sehr im argen, daß alle und zumal diejenigen, die an hervorragender Stelle in der Kirche stehen, diese eher zu verwirren als in treuer Ergebenheit zu verteidigen und zu verehren trachten und sich in allem, was die Religion und Gottes Gerechtigkeit betrifft, ihr als Feinde entgegenstellen, da sie nur ihren eigenen Vorteilen und Wünschen nach diesseitigem Ruhm nachstreben.» Zur Abhilfe sollte (vermeintlich) nichts Neues eingeführt, vielmehr alles überwunden werden, was zwar verbreitete Praxis, aber mit den Normen des Kirchenrechts nicht zu vereinbaren war, und dazu gehörten nicht allein Simonie und Klerikerehe, die von Anfang an bekämpft worden waren, sondern mittlerweile auch die historisch bedingten regionalen Unterschiede in der Liturgie, die zugunsten eines überall gültigen *ordo Romanus* beseitigt werden sollten. Erst recht ins Visier geraten war der in den Kanones nicht vorgesehene Einfluß von Laien, die durch den Besitz von Kirchen und die Verfügung über geistliche Würden die «Freiheit der Kirche» beeinträchtigten. In solchen Leitgedanken unterschied sich Gregor kaum von seinen unmittelbaren Vorgängern, aber bei ihm treten sie deutlicher zutage wegen der Fülle von konkreten Äußerungen, die das Register überliefert.

Sie zeigen, daß Gregor von vornherein mit erheblichem Widerstand gegen seine Ziele rechnete, den es mit Gottes Hilfe zu brechen galt. Dreimal führte er allein in den ersten siebzehn Briefen des Registers gegenüber unterschiedlichen Adressaten das martialische Jeremias-Zitat an: «Verflucht sei der Mensch, der sein Schwert am Blutvergießen hindert», was allgemein zur Einsatzbereitschaft für die Gesundung von Kirche und Welt aufrütteln sollte. Sein vorwärtsdrängender Eifer trieb ihn an, bereits die ersten Synoden 1074/75 im römischen Lateran monatelang durch Ankündigungen und Vorladungen vorzubereiten und nach Ende der Versammlungen die immer aufs neue bekräftigten Bestimmungen gegen den Ämterkauf und für den Zölibat aktiv zu verbreiten. Metropoliten wurde aufgetragen, ihren Suffraganen und ihrem Klerus die Rechtslage einzuschärfen und Fehlverhalten nicht länger zu dulden. Der gebieterische Ton, in dem Gregor seine Anordnungen verkündete und rasche Strafmaßnahmen im Einzelfall verfügte, weckte bei nicht wenigen Bischöfen Unmut, den Liemar, der Oberhirt von Bremen und Hamburg (1072–1101), Anfang 1075 in die bitteren Worte faßte: «Der gefährliche Mensch will den Bischöfen befehlen, was er will, wie seinen Gutsverwaltern; wenn sie nicht alles so tun, sollen sie nach Rom kommen oder werden ohne förmliches Urteil suspendiert.»

War dies im Grunde nur eine schärfere Gangart auf einem schon länger eingeschlagenen Wege, so scheint ein mehr individueller Zug des neuen Papstes darin zu liegen, was man seine «Petrusmystik» genannt hat: das unbedingte Vertrauen in die gnadenhafte Verbindung mit dem Apostelfürsten, dem Christus gesagt hatte, er habe für ihn gebetet, daß sein Glaube niemals wanke. Gregor bezog daraus eine ganz unmittelbare Heilsgewißheit, denn er betrachtete sich nicht bloß als Nachfolger, sondern als Stellvertreter Petri, ja geradezu als dessen lebendige Verkörperung, weshalb er Heinrich IV. schreiben konnte: «Was immer Du schriftlich oder mündlich an uns richtest, empfängt er (der Apostelfürst), und während wir die Buchstaben überfliegen und den Stimmen der Redenden zuhören, ist er es, der durch genaue Betrachtung unterscheidet, aus welchem Herzen die Aufträge kommen.» Da Petrus allein es gewesen war, dem der Herr die Schlüssel des Himmelreiches überantwortet und dabei zugesichert hatte, daß alles, was er auf Erden binden oder lösen werde, auch im Himmel gebunden und gelöst sei, war es nur folgerichtig, daß Gregor 1076 bei seinem entscheidenden Schlag gegen den salischen König die Form eines Gebetes an den hl. Petrus wählte, worin er sich einleitend ausdrücklich der Erwählung und des Beistandes durch den Apostel versicherte.

Der Rekurs auf die allgemeine Binde- und Lösegewalt sowie weitere biblische Vorgaben, nicht selten «aus der kriegerischen Sprache des Alten Testaments» (Erich Caspar), ersetzten in Gregors Briefen gemeinhin präzise Argumentationen mit Zitaten der kirchenrechtlichen Tradition, wie sie zuvor Humbert von Silva Candida und Petrus Damiani in ihren Werken entfaltet hatten. Gregor mißachtete keineswegs die kanonistische Gelehrsamkeit, war aber selbst kein gründlicher Kenner und hatte ein mehr intuitives Verhältnis zur Fülle der überlieferten Kanones und Dekretalen, an der ihn vor allem eines interessierte: was daraus über die Vorrechte des Petrusamtes abzuleiten war. Schon lange bevor er Papst wurde, hatte er Petrus Damiani (gemäß dessen Brief von 1059) «häufig ... gebeten, die Verlautbarungen und Taten (*decreta vel gesta*) der römischen Bischöfe danach durchzusehen, was speziell der Autorität des Apostolischen Stuhles zustehe, alles zu notieren und zu einem schmalen Buch in neuartiger (d. h. systematischer) Anlage zusammenzustellen». Da ein solches Manuale für den praktischen Gebrauch offenbar nicht zustande gekommen ist, fühlte sich Gregor nach den ersten Erfahrungen seines Pontifikats veranlaßt, von sich aus schriftlich festzuhalten, worin er die einzigartigen Befugnisse des höchsten Hirtenamtes in der Kirche erblickte.

Das Ergebnis war der berühmte Dictatus papae, eine formlose und undatierte Eintragung im Registerbuch, die sich zwischen Briefen vom 3. und vom 4. März 1075 findet, also knapp zwei Jahre nach Gregors Papstwahl fixiert worden ist. Der Text besteht aus 27 thesenhaften Sätzen mit folgendem Wortlaut:

«I. Daß die römische Kirche vom Herrn allein gegründet worden ist.
II. Daß allein der römische Bischof mit Recht allgemein (*universalis*) genannt wird.
III. Daß er allein Bischöfe absetzen und wiedereinsetzen kann.
IV. Daß sein Legat den Vorrang vor allen Bischöfen bei einer Synode hat, auch wenn sein Weihegrad niedriger ist, und daß er gegen sie ein Absetzungsurteil fällen darf.
V. Daß der Papst Abwesende absetzen kann.
VI. Daß wir mit den von ihm Exkommunizierten unter anderem nicht im selben Haus verweilen dürfen.
VII. Daß es ihm allein erlaubt ist, nach den Erfordernissen der Zeit neue Gesetze zu schaffen, neue Gemeinden zu bilden, aus einem Kanonikerstift eine Abtei zu machen und umgekehrt, ein reiches Bistum zu teilen und arme zu vereinen.
VIII. Daß er allein kaiserliche Insignien verwenden kann.
IX. Daß alle Fürsten (*principes*) die Füße allein des Papstes küssen sollen.
X. Daß allein sein Name in den Kirchen genannt werde.
XI. Daß dieser Name einzigartig ist auf der Welt.
XII. Daß es ihm erlaubt ist, Kaiser abzusetzen.
XIII. Daß es ihm erlaubt ist, bei zwingender Notwendigkeit Bischöfe von einem Sitz zum anderen zu versetzen.
XIV. Daß er an jeder Kirche, wo immer er will, Kleriker weihen kann.
XV. Daß ein von ihm Geweihter einer anderen Kirche vorstehen, aber nicht dienen kann; und daß er nicht von einem Bischof einen höheren Weihegrad annehmen darf.
XVI. Daß keine Synode ohne seine Anordnung allgemein (*generalis*) genannt werden darf.
XVII. Daß kein Kapitel und kein Buch für kanonisch gehalten werde ohne seine Autorität.
XVIII. Daß sein Urteilsspruch von niemandem widerrufen werden

darf und er selbst als einziger die Urteile aller widerrufen kann.

XIX. Daß er selbst von niemandem gerichtet werden darf.

XX. Daß niemand es wage, jemanden zu verurteilen, der an den Apostolischen Stuhl appelliert.

XXI. Daß die wichtigen Streitfragen (*causae maiores*) einer jeden Kirche ihm vorgelegt werden müssen.

XXII. Daß die römische Kirche niemals geirrt hat und nach dem Zeugnis der Schrift auch in Zukunft nicht irren wird.

XXIII. Daß der römische Bischof, wenn er rechtmäßig geweiht ist, durch die Verdienste des hl. Petrus unzweifelhaft heilig wird, nach dem Zeugnis des heiligen Bischofs Ennodius von Pavia, dem viele heilige Väter beistimmen, wie in den Dekreten des heiligen Papstes Symmachus enthalten ist.

XXIV. Daß es nach seiner Verfügung und mit seiner Erlaubnis Untergebenen erlaubt ist anzuklagen.

XXV. Daß er ohne eine synodale Versammlung Bischöfe absetzen und wiedereinsetzen kann.

XXVI. Daß nicht als katholisch gelten soll, wer nicht übereinstimmt mit der römischen Kirche.

XXVII. Daß er Untergebene vom Treueid gegenüber Sündern lösen kann».

Schon auf den ersten Blick nimmt sich diese Darlegung, die als Diktat des Papstes unmittelbar auf Gregor zurückgeht, recht seltsam aus. Ohne erkennbare Systematik sind eher sprunghaft Postulate von ganz unterschiedlichem Gewicht aneinandergereiht; die Sätze 3 und 25 stellen gar eine anscheinend unbemerkt gebliebene Dublette dar. Die inhaltliche Analyse der kanonistischen Fachleute hat ergeben, daß vieles, aber längst nicht alles im älteren Kirchenrecht, zumal in den im 9. Jahrhundert in Umlauf gebrachten pseudoisidorischen Dekretalen, grundgelegt ist, anderes aber wie das Vorrecht, auch Abwesende abzusetzen, in klarem Widerspruch zu den überkommenen Normen steht. Der Bezug zu konkreten Quellen, die außer bei Satz 23 nirgends angeführt sind, ist nicht leicht herzustellen, weil nichts wörtlich wiedergegeben wird, sondern durch extreme Straffung und Zuspitzung der Formulierungen ein zuvor ungekanntes Bild der papalistischen Doktrin entsteht. Entsprechend rätselhaft erscheint bis heute der Zweck der Aufzeichnung, die keinen Adressaten aufweist. Man hat vielfach vermutet, der Papst habe die Themen vorgeben wollen für eine seinen Vorstellungen gemäße Kirchenrechtssammlung, die jedoch wie die einst von Petrus Damiani erbetene entweder ausblieb oder verlorenging. Aber auch an eine Agenda für Unionsverhandlungen mit der Ostkirche ist schon gedacht worden. Vielleicht sollten wir uns damit begnügen, im Dictatus papae ein persönliches Konzept, eine Art von Selbstvergewisserung des Papstes zu sehen, der die Reichweite seiner Autorität auszuloten suchte. Dabei war, wie Horst Fuhrmann bemerkt hat, «sein von einem Sendungsglauben getragenes Kirchenverständnis ... fraglos stärker als sein juristischer Orientierungswille».

Für die historische Einordnung ist in jedem Fall wesentlich, daß Gregor die brisanten Sätze einzig dem Pergament seines Kanzleiregisters anvertraute, aber nichts davon jemals zitiert hat oder sonstwie nach außen dringen ließ. Heinrich IV. und seine Umgebung haben den Dictatus papae nicht gekannt und sich daher auch nicht darüber ereifern können. Andererseits geben die 1075 niedergeschriebenen «Leitsätze» Gregors uns zu erkennen, wieviel primatiales Selbstbewußtsein er bereits vor dem großen Konflikt entwickelt hat.

## 4. Bischof der ganzen Kirche

Gregor VII., in Rom aufgewachsen, hatte vor seinem Papsttum nicht bloß im reichskirchlichen Oberitalien und im normannisch dominierten Unteritalien, sondern auch in Frankreich und Deutschland die kirchlichen Zustände in eigenen Augenschein nehmen können. Er kannte die salische Kaiserfamilie und die Normannenführer, seit seinem Rombesuch von 1068 gewiß auch König Sancho von Aragón (1064–1094) persönlich, hatte sich von den heimkehrenden Legaten über weitere Länder berichten lassen und zahlreiche hohe Geistliche erlebt, die sich von nah und fern bei Gelegenheit der Lateransynoden oder aus anderem Anlaß am Grabe des Apostelfürsten einfanden. Am Aufstieg des Reformpapsttums zu fühlbarer Ausstrahlung auf die gesamte lateinische Welt hatte er aktiven Anteil gehabt, weshalb es ihm ganz selbstverständlich gewesen sein dürfte, in der Nachfolge des hl. Petrus oberster Bischof einer Kirche aus vielen Völkern und Reichen zu sein.

Seine Korrespondenz läßt erkennen, daß er zahlreiche Anfragen und Beschwerden von auswärts beantwortet hat, vor allem jedoch von sich aus die eigene Hirtengewalt gegenüber Klerikern und Laien der verschiedensten Ränge zur Geltung brachte, um Entscheidungen zu verkünden und Nachrichten zu verbreiten, Mahnungen und Warnungen zu erteilen, Vorladungen nach Rom auszusprechen, aber auch Unterstützung und Gebet zu erbitten oder Trost und Zuversicht zu vermitteln. Mit der Zeit entwickelte er eine spezielle Form von Rundschreiben, die keinen einzelnen Adressaten aufwiesen, sondern dazu gedacht waren, immer wieder abgeschrieben und überall als Wort des Papstes verbreitet zu werden. Daneben betraf ein nicht geringer Teil von Gregors Briefen die Wirksamkeit seiner Legaten, denen Aufträge gegeben oder Berichte abverlangt wurden oder die Dritten gegenüber empfohlen und legitimiert werden sollten.

Dazu kommen mehrere Dutzend außerhalb des Registerbuches überlieferte Privilegien, die Gregor in der Tradition seiner Vorgänger vornehmlich Klöstern und Stiftskirchen, wohl regelmäßig auf deren Antrag hin, ausgestellt hat. Immerhin 24 von ihnen liegen noch im Original vor.

In all diesen Dokumenten tritt er als «Bischof der gesamten Kirche» (*universalis ecclesiae episcopus*) auf, dem grundsätzlich die höchste Autorität und das letzte Wort zukommt. Innerhalb des hierarchischen Gefüges der Kirche hob er nicht selten die besondere Würde der Bischöfe als Stellvertreter Christi in ihren Sprengeln hervor, die von den Gläubigen Gehorsam verlangen konnten und vor jedem Übergriff in Schutz zu nehmen waren. Freilich apostrophierte er sie in seinem Schriftverkehr nicht bloß als «Mitbrüder», sondern auch als «Söhne» (mitunter im selben Brief), was deutlich macht, daß er sich nicht wirklich mit ihnen auf eine Stufe stellte. Die Überlegenheit seines Universalepiskopats kam darin zum Ausdruck, daß er – ausgehend von seinen persönlichen Erfahrungen in den 1050er Jahren – unbedingt auf dem Vorrang seiner Legaten bestand, auch wenn sie einen niedrigeren Weihegrad hatten. Außerdem war der Respekt vor dem einzelnen Bischof, wie schon seit den Zeiten Leos IX., an dessen Konformität mit den Zielen der Kirchenreform gebunden. Oberhirten, deren Werdegang oder Amtsführung den kanonischen Geboten zuwiderlief, waren in Gregors Augen zum Schaden des Christenvolkes und verdienten ihre Stellung nicht, worüber in letzter Instanz der Papst und seine Beauftragten zu entscheiden hatten. In solchen Fällen erschien es angebracht, die Laien der jeweiligen Bischofsstadt von ihrer Treuepflicht zu entbinden und sogar die Inhaber der weltlichen Gewalt auf den Plan zu rufen. An die Herzöge von Schwaben und Kärnten richtete Gregor Anfang 1075 die eindringliche Mahnung: «Was Bischöfe auch darüber sagen oder verschweigen, nehmt auf keinen Fall den Gottesdienst (*officium*) derjenigen an, von denen Ihr wißt, daß sie auf simonistische Weise befördert und geweiht sind oder in verbrecherischer Unzucht leben, und tut dies, im Gehorsam verpflichtet, sowohl am Königshof wie anderwärts und bei Reichsversammlungen kund und tretet dafür ein. Hindert derartige, soweit ihr könnt, notfalls auch mit Gewalt, daran, den heiligen Geheimnissen zu dienen. Wenn aber jemand gegen Euch, als sei dies nicht Eures Amtes, etwas daherzuschwätzen beginnt, dann antwortet diesen, sie sollten Euer und des Volkes Heil nicht behindern und wegen des Euch auferlegten Gehorsams zu uns kommen und sich mit uns auseinandersetzen.»

Die erhebliche Bedeutung der politischen Macht für die Durchsetzung von Veränderungen in der christlichen Gesellschaft, wie sie dem jungen Hildebrand bereits Kaiser Heinrich III. demonstriert hatte, ließ ihn zum ersten Papst werden, der bestrebt war, mit allen nur irgendwie erreichbaren Herrschern in Kontakt zu treten. Das pastorale Kalkül, das dahinterstand, formulierte Gregor so: «Je mehr Menschen jemand überragt und beherrscht, desto stärker kann er die Untergebenen durch sein Beispiel entweder zu Besserem oder zu Schlechterem anleiten», wobei stets gelte, daß «wer die anderen auf den rechten Weg zu zwingen vermag, selbst als erster das unrechte Tun aufgeben soll». Diese Haltung, die ganz den verbreiteten landeskirchlichen Strukturen der Zeit entsprach, kehrte er bereits in den ersten Pontifikatsjahren hervor und nicht erst unter dem Eindruck des Zerwürfnisses mit Heinrich IV., das dann die weitere Entwicklung überschattete. Aus der Zeit bis Ende 1075 sind Briefe Gregors an die Herrscher in Deutschland, Frankreich, England und drei spanischen Reichen (Aragón, León, Navarra) sowie an den König von Dänemark, die Herzöge von Polen und Böhmen, ferner die Könige von Ungarn und von Kroatien/Dalmatien bekannt. Später kamen noch die Herrscher von Norwegen, Schweden und Serbien sowie zu einem ungewissen Zeitpunkt ein «König» im fernen Irland hinzu. Welcher grundsätzliche Impuls dahinterstand, macht gerade der letztgenannte Brief auf die Grüne Insel sichtbar, wo man in Rom einen Gebieter namens Terdeluachus ermittelt hatte: Gregor schreibt ihm offenbar ohne konkrete Veranlassung, daß die Lehre Christi auf dem ganzen Erdkreis erstrahle, daß dem hl. Petrus und seinem Stellvertreter der ganze Erdkreis Gehorsam und Ehrerbietung schulde und daß sich der König daher unverzüglich an ihn wenden möge, wenn Probleme von Bedeutung in seinem Lande auftauchen sollten.

Die traditionelle Vorrangstellung, die das Reich der Deutschen und dessen Herrscher wegen ihrer allgemeinen Machtfülle, erst recht aber wegen ihrer Verdienste um die Kirche des hl. Petrus beanspruchen konnten, hat Gregor keineswegs von vornherein geleugnet. Er sprach von dem «sehr großen Reich (*amplissimum regnum*)» oder von dem «sehr edlen Reich (*nobilissimum regnum*)» und beklagte noch 1079 den Niedergang des «Reiches der Deutschen (*regnum Teutonicorum*)», das «bislang unter allen Reichen das edelste» gewesen sei. Heinrich IV. wurde von ihm anfangs als «das Haupt der Laien» bezeichnet, das «auf dem höchsten Gipfel der Macht» stehe und alle übrigen «an Ruhm, Ehre und Tatkraft» übertreffe. Die Anwartschaft des jungen Königs auf das Kaisertum hat er bis Ende 1075 als selbstverständlich betrachtet. Nach dem Bruch war er dann mehrfach bemüht, die Ehre des «römischen Reiches» gewissermaßen gegen die Unart Heinrichs IV. in Schutz zu nehmen.

Gleichwohl ist nach Ausweis des Registers der einzige König, den Gregor in den ersten Tagen seines Papsttums mit einer Wahlanzeige bedachte, nicht der Salier gewesen, sondern Sven Estridsen von Dänemark (1047–1076). Ihm hatte sich Hildebrand bereits als Archidiakon gewogen gezeigt, als der Däne in Rom wegen eines eigenen Erzbistums vorfühlen ließ und seinem illegitimen Sohn Magnus die Thronfolge zu sichern suchte, indem er ihn für eine Königsweihe zu Alexander II. schickte (woraus nichts wurde, weil der junge Mann auf der weiten Reise ums Leben kam). 1075 sprach Gregor in zwei Briefen an König Sven davon, dieser habe früher schon angeboten, «sein Reich dem Apostelfürsten zu übertragen und sich auf dessen Autorität zu stützen» bzw. «für sich und sein Reich den Schutz des hl. Petrus erlangen zu wollen», was wohl heißen soll, er habe – ähnlich dem König von Aragón – beim Papst um Rückhalt für den Bestand seiner Herrschaft nachgesucht. Gregor fühlte sich dadurch ermutigt, nach der Bereitschaft des Dänenkönigs zu militärischer Hilfe für die römische Kirche zu fragen, und winkte überdies mit der Möglichkeit, einem von Svens Söhnen, wenn er denn für die Sache des hl. Petrus zu kämpfen gewillt sei, die Herrschaft über «ein reiches Land am Meer» nicht weit von Rom zu verschaffen, das von «gemeinen und feigen Häretikern» bewohnt sei, womit anscheinend Dalmatien gemeint war und woraus selbstverständlich nichts geworden ist, zumal Sven 1076 den Tod fand. Gegenüber dem Sohn und Nachfolger, Harald Hein (1076–1080), rühmte Gregor Ende 1077 dem Verstorbenen, den er nie gesehen, der aber seine politische Phantasie so sehr beflügelt hatte, eine «aufrichtige Ehrerbietung der ständigen Ergebenheit und des schuldigen Gehorsams» nach, wie er sie bei keinem zweiten König angetroffen habe.

Aufschlußreich für Gregors Vorstellungen vom Nebeneinander der christlichen Reiche im Verhältnis zum Stuhl Petri sind auch seine Briefe nach Ungarn, wo Thronstreitigkeiten Anlaß gaben, nach der Autorität des Papstes zu rufen. Sowohl der mit Heinrich IV. verschwägerte und von ihm tatkräftig unterstützte König Salomon (1063–1074) als auch sein rivalisierender Vetter Geza (1074–1077) wandten sich an Gregor, der Salomon 1074 in eindringlichen Worten vorhielt, sein Reich vom «König der Deutschen» als «Lehen (*beneficium*)» angenommen zu haben, obgleich er doch wissen müsse, daß Ungarn einst von König Stephan dem Heiligen († 1038) der römischen Kirche zu eigen übertragen worden sei. Geza, der militärisch die Oberhand im Lande hatte, dennoch aber vom Papst bloß als Herzog tituliert wurde, bekam ein halbes Jahr später zu lesen, wer sich dem «König der Deutschen» unterstelle, werde zum «Kleinkönig (*regulus*)», und deshalb dürfe Ungarn niemandem unterworfen sein als nur der heiligen und universalen römischen Mutterkirche, die ihre Untertanen (*subiecti*) nicht wie Knechte, sondern wie Söhne behandle. Von einem Anspruch auf Lehnshoheit anstelle des Saliers ist keine Rede, wie Gregor auch sonst ein derartiges Vokabular – außer gegenüber den Normannen – gemieden hat. Sein Ideal schon in den Anfangsjahren war ein Verbund gleichrangiger Völker und Könige, die dem Apostolischen Stuhl in je eigener Ergebenheit verbunden sind. Zumindest solange er nicht zum Kaiser erhoben war, stand dabei der «König der Deutschen» auf derselben Stufe wie alle anderen.

Über keinen König hatte Gregor von vornherein eine so schlechte Meinung wie über Philipp I. von Frankreich (1060–1108). Der Kapetinger, dessen reale Macht sich auf den Norden seines Reiches beschränkte, galt ihm als notorischer Simonist, der für die Vergabe von Bischofsstühlen ungeniert Geld nahm und sich über den Willen von Klerus und Volk der betreffenden Kirche hinwegsetzte, zudem vor Übergriffen auf das Kirchengut nicht zurückschreckte und auch in seinem persönlichen Lebenswandel zu Klagen Anlaß gab, wobei die meisten französischen Bischöfe in Gregors Augen eine ziemlich klägliche Rolle spielten. Der Papst zog daraus nicht etwa den Schluß, Philipp grundsätzlich die Verfügung über Bistümer oder speziell die Praxis der Investitur zu untersagen, sondern bestand vielmehr darauf, daß der König kanonische Wahlen förmlich, d. h. durch Investitur, anerkannte. Gleichzeitig beschäftigte ihn aber auch der Gedanke, Philipp durch scharfe Sanktionen gefügig zu machen, ohne daß er dafür bereits ein juristisch stringentes Konzept gehabt hätte. So äußerte er 1073/74 in Briefen nach Frankreich drohend, «das Schwert der apostolischen Achtsamkeit» zur Geltung bringen zu wollen, und stellte dem Kapetinger bei weiterem Ungehorsam in Aussicht, ihn «aus der heiligen Kirche auszuschließen», seine Untertanen zum Abfall zu bewegen, über das ganze Land das Interdikt zu verhängen, ja «auf jede Weise das Königreich Frankreich der Beherrschung durch ihn zu entreißen». Nichts davon ist Wirklichkeit geworden, weil bald andere Konflikte dem Papst weit mehr zu schaffen machten.

Der erste Machthaber, über den Gregor schon 1074 den Kirchenbann verhängte, war kein König, sondern der normannische Herzog Robert Guiscard, seit 1059 Lehnsmann des Papsttums, dessen Herrschaft (zusammen mit seinem Bruder Graf Roger) inzwischen von Bari bis Palermo reichte. Auch wenn die Normannen gemäß dem durch Hildebrand eingefädelten Bündnis von Melfi mehrfach den römischen Reformern bewaffnete Hilfe geleistet hatten, ließen sie sich doch von niemandem in ihrem Eroberungsdrang hemmen. Gerade zu Beginn von Gregors Pontifikat stießen sie verstärkt in den weltlichen Herrschaftsbereich der Päpste, das Patrimonium Petri, vor und bedrohten zudem den Status quo in Benevent, Amalfi und Salerno. Deshalb kam die fällige Neubelehnung Robert Guiscards durch Gregor VII. bis 1080 nicht zustande, und 1074 gedachte sich der Papst in dieser territorialpolitischen Auseinandersetzung auf doppelte Weise zur Wehr zu setzen, indem er auf der römischen Fastensynode Robert Guiscard «samt allen seinen Gefolgsleuten» exkommunizierte und für den Sommer sogar zu einem Feldzug gegen ihn aufrief, der jedoch wegen mangelnder Beteiligung nicht in Gang kam. So blieb Gregor nichts übrig, als auf der Fastensynode von 1075 den Bann zu erneuern, mit dem ein Einlenken des aggressiven Herzogs, aber wohl kaum dessen Absetzung erreicht werden sollte.

Die angestrengten Bemühungen um die Ausräumung der nahen normannischen Bedrohung sind vor dem Hintergrund viel weiterreichender Pläne zu sehen, die Gregor während des Jahres 1074 bewegten und die nur aus seinen Briefen bekannt sind. Nachdem er bereits 1073 eine Gesandtschaft des byzantinischen Kaisers Michael VII. (1071–1078) empfangen hatte, dessen Reich sich nach einer schweren Niederlage gegen die Seldschuken in Anatolien (1071) in arger Bedrängnis befand, taucht zuerst in einem Schreiben vom Februar 1074, worin er den Grafen von Burgund um Waffenhilfe gegen die Normannen bat, der Gedanke auf, nach einem Sieg könnte das Heer «vielleicht» nach Konstantinopel weiterziehen, um den von Sarazenen bedrängten dortigen Christen beizustehen. Zwei Wochen später findet sich dann im Registerbuch ein Aufruf an alle Christgläubigen zur Verteidigung von Konstantinopel gegen die Heiden, die «viele tausend Christen wie Vieh» abgeschlachtet hätten. In einem weiteren Appell vom Ende des Jahres in ähnlicher Tonlage kündigte der Papst sogar an, selber an der Spitze eines Heeres, begleitet von Kaiserin Agnes sowie der von ihm besonders geschätzten Mathilde († 1115), Tochter der Markgräfin Beatrix von Tuszien, über das Meer zu fahren und, wenn erforderlich, im Kampf gegen die Ungläubigen die Krone (des ewigen Lebens) zu empfangen. Parallel dazu teilte er Heinrich IV. mit, es rüsteten sich bereits 50 000 Krieger, um unter seiner Führung «bis zum Grab Christi», also nach Jerusalem zu ziehen, weshalb er den König bat, in der Zeit seiner Abwesenheit die Sorge für die römische Kirche zu übernehmen. Auch wenn dieser phantastisch wirkende «Orientplan» eine reine Wunschvorstellung Gregors geblieben ist, verdient er doch wegen seiner unanfechtbaren Überlieferung im Kanzleiregister höchstes Interesse: als frühe Konkretisierung des Kreuzzugsgedankens, der zwei Jahrzehnte später durch Urban II. zur blutigen Realität wurde, aber auch als denkbar bester Beleg dafür, daß Gregor noch Ende 1074 weit davon entfernt war, an einen nahe bevorstehenden fundamentalen Konflikt mit Heinrich IV. zu denken.

Gregors Bestreben, seinem universalen Hirtenamt eine Reichweite über die Grenzen der lateinischen Welt hinaus zu verschaffen, tritt in den Anfangsjahren noch mehrfach zutage. Erfreut reagierte er 1075, als ein durch innere Wirren vertriebener Großfürst von Kiew namens Isjaslaw, in römischen Augen ein «König der Russen», seinen Sohn Jaropolk nach Rom entsandte, damit er dort nach Leistung eines Treueids das heimatliche Reich «durch Geschenk des hl. Petrus» aus der Hand Gregors entgegennehme. Der symbolische Akt hatte wenig realen Erfolg, denn Isjaslaw konnte zwar 1077 nach Kiew zurückkehren, kam aber schon im nächsten Jahr ebenso wie einige Zeit später sein Sohn bei weiteren Kämpfen ums Leben. Aus dem islamisch beherrschten Nordafrika hatte Gregor bereits 1073 ein Hilferuf des Erzbischofs Cyriacus von Karthago erreicht, der infolge eines Rechtsstreits innerhalb der dortigen Christengemeinde vor das Gericht der muslimischen Obrigkeit gezogen worden war und nun vom Papst mit einem Trostschreiben bedacht wurde ebenso wie seine Widersacher mit einer scharfen Rüge. Drei Jahre später forderte Gregor den genannten Cyriacus auf, ihm einen geeigneten Kleriker zur Bischofsweihe zu senden, damit es in Afrika die für künftige Weihen erforderliche Anzahl von drei Bischöfen gebe. Ein Unikum ist schließlich der inmitten der Turbulenzen des Jahres 1076 verfaßte Brief Gregors an den «König» Anazir von Mauretanien, worin es um die Freilassung christlicher Gefangener geht und eine gemeinsame Grundlage der Nächstenliebe darin gesehen wird, daß beide,

Absender und Adressat, einen Gott, «wenn auch in verschiedener Weise (*licet diverso modo*)» bekennen und verehren.

Einen bemerkenswerten Kontrast zum amtlich-selbstsicheren Ton der buchstäblich weltweit geführten Korrespondenz Gregors in seinen ersten Jahren bilden ganz persönlich gehaltene Schreiben, worin er im Winter 1074/75 den Markgräfinnen Beatrix und Mathilde wie auch Abt Hugo von Cluny (1049–1109) sein Herz ausschüttete und die wir wiederum allein dem unschätzbaren Register verdanken. Hier ist von einer überstandenen Krankheit die Rede, die ihn fast schon ins himmlische «Vaterland» geführt hätte, von der «Mühsal», die ihn «täglich von neuem plagt und zunehmend beunruhigt», von den «Drangsalen meines Herzens» und von einer Einschätzung der kirchlichen Situation, wie sie trüber kaum ausfallen konnte: «Mich umringt gewaltiger Schmerz und umfassende Trauer, weil die östliche Kirche auf Betreiben des Teufels vom katholischen Glauben abfällt und der alte Feind durch seine Glieder überall die Christen tötet» (offenbar ohne daß Gregor noch hoffte, ihnen mit Heeresmacht zu Hilfe eilen zu können). Aber auch «wenn ich auf die Länder des Westens, des Südens und des Nordens blicke, finde ich kaum Bischöfe, die rechtmäßig ins Amt gekommen sind und entsprechend leben, die das christliche Volk mit der Liebe zu Christus und nicht mit weltlichem Ehrgeiz lenken. Auch unter allen weltlichen Fürsten erkenne ich keine, die die Ehre Gottes der eigenen und die Gerechtigkeit ihrem Vorteil überordnen. Diejenigen aber, unter denen ich lebe, die Römer also, Langobarden und Normannen, beschuldige ich, wie ich es ihnen oft sage, in gewisser Weise schlimmer als Juden und Heiden zu sein.» So sei es allein die Hoffnung auf das Erbarmen Christi, die ihn davon zurückhalte, seine Stellung aufzugeben und Rom zu verlassen, schrieb er, ohne zu ahnen, daß ihm noch weit bedrückendere Erfahrungen bevorstanden.

## 5. Der Sohn des Kaisers

Über Heinrich IV., den er schon als kleines Kind am Hof des Vaters und dann der Mutter erlebt hatte, fiel dem Papst das Urteil nicht leicht. An dem unseligen Cadalus-Schisma während der Zeit seiner Minderjährigkeit trug der junge Salier keine Schuld, doch wurde das Bild, das man sich in Rom von den Verhältnissen in Deutschland machte, seit dem Beginn von Heinrichs eigener Regierung nicht wirklich besser. Der persönlichen Begegnung aus Anlaß der fälligen Kaiserkrönung entzog er sich Jahr für Jahr, statt dessen mußte 1069 Kardinal Petrus Damiani ausgesandt werden, um ihn vom Verlangen nach Ehescheidung abzubringen, und mit der Zeit mehrten sich überdies Ärgernisse um simonieverdächtige Besetzungen hoher Kirchenämter, die kein gutes Licht auf Heinrichs Regiment und seine engere Umgebung warfen. Als er schließlich den Unmut Alexanders II. auch noch durch sein Verhalten im lokalen Streit um die Mailänder Erzbischofswürde erregte, waren von der letzten Synode des Papstes mehrere Ratgeber des Königs mit dem Bann belegt worden, was diesen zwingen sollte, sich von ihnen zu distanzieren. Da vier Wochen später eine Reaktion noch ausstand, kam eine förmliche Anzeige der spontanen, ohne Heinrichs Einschaltung erfolgten Wahl Gregors VII. offenbar nicht in Betracht, und der neue Papst hatte Anlaß, in mehreren Briefen der ersten Amtsmonate Dritten gegenüber seine Haltung zu dem König zu erläutern.

Daß seine Erwartungen verhalten zuversichtlich klangen, darf nicht überraschen. Immerhin war der Salier Sohn und Erbe Kaiser Heinrichs III., dem die römischen Reformer ein dankbares Andenken bewahrten und über den auch Gregor nie ein abträgliches Wort verloren hat. Ganz selbstverständlich galt ihm Heinrich IV. als exklusiver Anwärter auf das Kaisertum, dessen Inhaber vor 1056 dem Papsttum einen festen Rückhalt in Italien geboten hatte. Gregor beteuerte, sich von niemandem im Eifer für «gegenwärtigen und künftigen Ruhm» des Königs übertreffen zu lassen, und dürfte gehofft haben, ihn, sobald er sich denn bei ihm einfände, von seinen Jugendsünden abbringen und für eine gedeihliche Unterstützung der kirchlichen Erneuerung gewinnen zu können. Deshalb hatte er trotz der aktuellen Sanktionen wegen des Mailänder Kirchenstreits auch keine Veranlassung, Heinrichs traditionellen Anspruch auf die Investitur der Reichsbischöfe und mancher Äbte zu bestreiten, solange Simonie dabei strikt gemieden und eine «kanonische Wahl» abgehalten wurde. Dem nachmals berühmten Kanonisten Anselm, der zum Bischof von Lucca erwählt war, erteilte der Papst am 1. September 1073 auf Anfrage die Weisung, sich «von der Investitur aus der Hand des Königs» nicht grundsätzlich «fernzuhalten», sondern nur «bis dieser wegen des Umgangs mit Gebannten Genugtuung geleistet hat und nach Beilegung der Sache mit uns Frieden haben kann».

Unversehens mochte er sich in seiner abwartenden Haltung bestärkt fühlen, als ihn bald darauf ein zerknirschter Brief des Königs erreichte, der sich in schwerer Bedrängnis wegen eines verbreiteten Aufstands in Sachsen befand und freimütig gegenüber dem Papst bekannte, aus jugendlichem Leichtsinn und unter dem Einfluß schlechter Ratgeber Kirchen an Simonisten «verkauft» zu haben, weshalb er nun «Rat und Hilfe» zur Besserung der kirchlichen Lage erbitte. Auch in der Mailänder Sache räumte er eigenes Verschulden ein und versprach, dem Papst die Klärung zu überlassen. Gregor ließ das Schriftstück sogleich in sein Registerbuch eintragen und schrieb hocherfreut dem Pataria-Führer Erlembald, er habe von Heinrich einen Brief «voll von Süße und Gehorsam» bekommen, wie ihn die römischen Bischöfe weder von ihm noch seinen Vorgängern jemals erhalten hätten. Der Weg schien frei für einen neuen Anlauf zur Durchsetzung der Kirchenreform nördlich der Alpen mit Unterstützung des salischen Königs. Die beiden päpstlichen Legaten, die zu diesem Zweck im Frühjahr 1074 zusammen mit der Kaiserin Agnes nach Deutschland reisten, konnten das Problem der gebannten Räte schon bei den ersten Vorverhandlungen mit

Heinrich beheben und nahmen am Weißen Sonntag (27. April) in Nürnberg den König nach einer eindeutig bezeugten Bußleistung wieder voll in die kirchliche Gemeinschaft auf, so daß alle Beschränkungen aus dem Vorjahr entfielen. Bischof Anselm II. von Lucca (1073–1086) hat kurz darauf, wie uns ausdrücklich überliefert ist, die zuvor vermiedene Investitur vom König eingeholt und sich dann vom Papst die Weihe erteilen lassen.

Nicht wegen eines Investiturproblems, sondern wegen der traditionellen Hauptfragen kirchlicher Reform – Simonie und Priesterehe – waren die Legaten nach Deutschland gekommen, und nicht vom bußfertigen König hatten sie entschiedenen Widerstand zu erwarten, sondern von den deutschen Bischöfen, die (wie auch in anderen Reichen) zum guten Teil Gregor und seiner Vorgehensweise kühl gegenüberstanden. Zwar raffte sich eine größere Anzahl von ihnen an Ostern in Bamberg zu einer «Demonstration gegen die Simonie» (Carl Erdmann) auf, als sie in Gegenwart des Königs den liturgischen Gebrauch des vom Ortsbischof Hermann (1065–1075) geweihten Salböls verweigerten, weil dieser beschuldigt wurde, seine Würde erkauft zu haben, doch kam es eine Woche später in Nürnberg auf der dort anberaumten Reichssynode zum Eklat, weil die Erzbischöfe von Mainz und von Bremen nicht bereit waren, den päpstlichen Legaten den Vorsitz zu überlassen, so daß man unverrichteter Dinge auseinanderging. Gregor lastete den Fehlschlag nicht dem König an, der den Legaten ein (im Wortlaut nicht erhaltenes) ergebenes Schreiben mitgegeben hatte. Vielmehr dankte er der Kaiserin Agnes für ihre Rolle bei der Aussöhnung des Sohnes mit der Kirche und empfing auch von den Markgräfinnen Beatrix und Mathilde von Tuszien günstige Nachrichten über die freundschaftliche Gesinnung des Königs. So entschloß er sich noch vor Jahresende, führende Männer des widerspenstigen Reichsepiskopats wie Liemar von Bremen und Siegfried von Mainz (diesen gleich mit sechs Suffraganen) zur nächsten römischen Fastensynode vorzuladen, während er gleichzeitig König Heinrich drängte, für deren Erscheinen in Rom zu sorgen, und ihm in einem weiteren Brief vertrauensvoll seinen schon erwähnten «Orientplan» enthüllte.

Ob Heinrich IV. ernstlich erwogen hat, auf die Wünsche des Papstes einzugehen, muß bezweifelt werden. Jedenfalls schloß er sich zu Weihnachten 1074 in Straßburg dem geharnischten Protest der um ihn versammelten Bischöfe an, die aufgebracht waren über Gregors Neigung, jeglichen – auch ganz haltlosen – Anklagen in Rom stattzugeben. Gerade erst hatte der Bischof von Toul die Erfahrung gemacht, daß er von einem seiner Domkleriker beim Papst angeschwärzt und sogleich in einem Schreiben Gregors als «Exbischof» und «Wolf» bezeichnet wurde. Mehrere Bischöfe hatten zudem erleben müssen, daß die päpstliche Weisung, bei ihrem Klerus die strikte Beachtung des Zölibatsgebots durchzusetzen, zu wütenden Protesten führte und ihnen die Grenzen ihrer Autorität aufzeigte. Keiner der zur Fastensynode Einbestellten erschien in den letzten Februartagen 1075 beim Papst, während der König immerhin Beauftragte schickte, die vernahmen, daß die ausgebliebenen Bischöfe von Gregor bis zum Einlenken suspendiert und abermals fünf Berater des Königs ausdrücklich wegen ihres simonistischen Gebarens gebannt wurden (mit einer Reuefrist bis 1. Juni). Da in den folgenden Monaten keine nennenswerte Trübung im Verhältnis von Papst und König zu beobachten ist, verdient eine vereinzelte Nachricht aus Mailand kaum Glauben, wonach Gregor auf dieser Fastensynode dem Salier öffentlich und grundsätzlich jede Verfügung über Bischofsstühle und konkret die Investitur untersagt habe. Vielmehr ließ der König nach der Rückkehr seiner Boten den Gesprächsfaden gerade nicht abreißen, sondern entsandte gemäß einem schon früher geäußerten Wunsch des Papstes eine neue, besonders kompetente Delegation von drei «Philosophen des Reiches» nach Rom, und mit ihnen reiste Liemar von Bremen, der seine Suspension akzeptierte und bei Gregor um Absolution nachsuchte. Gemeinsam schafften sie es, das Problem der gebannten Ratgeber ebenso wie den Skandalfall des simonistischen Bischofs Hermann von Bamberg aus der Welt zu schaffen (durch ein päpstliches Absetzungsurteil, das der König offenbar im voraus gebilligt hatte). Lobend bescheinigte ihm daraufhin der Papst am 20. Juli, daß er simonistischen Umtrieben mannhaft widerstreite und auch die Keuschheit der

Kleriker lebhaft und wirksam fördere. In einem weiteren Brief von Anfang September erkannte Gregor an, Heinrich umgebe sich nun mit «religiösen Menschen»; er gratulierte zum militärischen Sieg über die Sachsen (trotz des vielen vergossenen Christenblutes) und stellte ihm den Empfang in Rom in Aussicht, was doch wohl als (letzter) Ausblick auf eine Kaiserkrönung Heinrichs zu verstehen ist. Auch um die Wiederbesetzung des Bistums Bamberg sollte sich der König aktiv kümmern, wozu ihm der «Rat frommer Männer» empfohlen und eine Investitur keineswegs verboten wurde.

Während sich im Hinblick auf die deutsche Kirche somit den Sommer 1075 über eher eine Entspannung abzeichnete, nahm das Verhängnis von Mailand her seinen Lauf. Nach einem mehr als dreijährigen Schisma, in dem sich weder der von Heinrich investierte Gottfried noch der von der Pataria erhobene, in Rom anerkannte Erzbischof Atto hatten durchsetzen können, waren dort die Dinge wieder in Bewegung gekommen, als infolge eines Stadtbrandes und schwerer Unruhen, bei denen Erlembald umkam, die Gegner der Pataria im April die Oberhand gewannen und bald vom König die Einsetzung eines neuen Erzbischofs forderten. Heinrich, der am 9. Juni die rebellischen Sachsen entscheidend geschlagen zu haben meinte und nördlich der Alpen wieder ganz Herr der Lage war, ließ sich auf das Mailänder Ansinnen ein und investierte zu einem ungewissen Zeitpunkt der folgenden Monate seinen von dort stammenden früheren Hofkaplan Tedald (1075–1085) zum Oberhirten, der in Mailand Aufnahme fand und das Schisma beenden konnte. Möglicherweise hat im Zuge der Dispute, die dadurch in der Stadt ausgelöst worden sein dürften, die Auffassung die Runde gemacht (oder ist gar aus Rom autorisiert worden), der König sei zu diesem Schritt schon wegen der abermaligen Bannung seiner Räte auf der Fastensynode gar nicht berechtigt gewesen, was beim Mailänder Chronisten Arnulf zu der isolierten Meldung von einem globalen Investiturverbot jener Synode geführt haben mag.

Tatsächlich war jedoch vom Formalakt der Investitur keine Rede, als Gregor VII. in Kenntnis der jüngsten Mailänder Vorgänge ein eindringliches, nur mit verderbtem Datum überliefertes Mahnschreiben an den König richtete, das sich in der Tonlage fühlbar von den voraufgegangenen Briefen desselben Jahres abhob. Schon in der Grußformel am Beginn erinnerte der Papst an den für christliche Könige geziemenden Gehorsam gegenüber dem Apostolischen Stuhl, um Heinrich dann den fortgesetzten Umgang mit Gebannten sowie den Bruch der früheren Zusage vorzuhalten, in der Mailänder Sache ihm die Entscheidung zu überlassen. Da Gregor im selben Atemzug auch die Einsetzung von (wahrscheinlich aus Deutschland stammenden) neuen Bischöfen in Fermo und Spoleto tadelte, aber von den kürzlichen Investituren Heinrichs nördlich der Alpen schwieg, scheint er über den speziellen Fall Mailand hinaus in Italien dem Salier überhaupt geringere kirchliche Befugnisse als in Deutschland zugebilligt zu haben, jedenfalls solange er noch nicht zum Kaiser gekrönt war. Nachdrücklich beteuerte der Papst, bis einschließlich der Beschlüsse der letzten Fastensynode «nichts Neues, nichts aus eigener Erfindung» verlangt, sondern lediglich «die Regel der kirchlichen Ordnung und den ausgetretenen Pfad der Heiligen» eingeschärft zu haben. Was ihn sichtlich empörte, war die Diskrepanz zwischen Heinrichs mehrfachen «Briefen der Ergebenheit» und seinem gegenteiligen Verhalten, wodurch er sich rückblickend seit Monaten hintergangen fühlte. Daher steht am Schluß wieder die Forderung nach «Gehorsam gegenüber Gottes Geboten», wozu den König schon die Dankbarkeit für den Erfolg über die Sachsen verpflichte und ebenso das warnende Beispiel des alttestamentarischen Königs Saul, der nach seinem Sieg die Mahnungen des Propheten mißachtet habe und daher von Gott verworfen worden sei.

Das waren immer noch nicht die unumwundenen Drohungen, die Gregor vor mehr als Jahresfrist gegen den französischen König ausgestoßen hatte, zumal wir nicht wissen, worin der im letzten Satz erwähnte mündliche Verhandlungauftrag der Überbringer des Briefes bestanden hat. Aber es liegt auf der Hand, daß der Papst den Zeitpunkt gekommen sah, um jenseits einzelner Streitfragen eine grundsätzliche Klärung der Haltung des künftigen Kaisers zu verlangen.

## 6. Der Zusammenstoß mit Heinrich IV.

In Goslar, wo er das Weihnachtsfest 1075 inmitten des unterworfenen Sachsenlandes gefeiert und soeben die versammelten Fürsten dazu gebracht hatte, das Thronfolgerecht seines knapp zweijährigen Sohnes Konrad anzuerkennen, war König Heinrich nicht in der Stimmung zum Nachgeben, als am Neujahrstag 1076 die Boten mit dem ernsten Brief aus Rom eintrafen. Binnen weniger Tage, wenn nicht Stunden, entschied er sich, diesem Papst nicht länger (zumindest verbal) gehorchen zu wollen, sondern mit ihm zu brechen. Eilends bestellte er trotz winterlicher Reisebedingungen den deutschen Reichsepiskopat auf den 24. Januar nach Worms, wo sich zwar nicht alle, aber doch eine klare Mehrheit von 26 kurzfristig erreichbaren Bischöfen einfanden. Auf der Synode herrschte helle Aufregung, die zusätzlich geschürt wurde durch das Erscheinen des mit Gregor entzweiten, jüngst exkommunizierten Kardinals Hugo Candidus, der mit Berichten über einen anstößigen Lebenswandel des Papstes und seinen schwindenden Rückhalt in Rom Aufsehen erregte. Wenigstens in Umrissen dürfte bekannt gewesen sein, daß Gregor in der Weihnachtsnacht von dem Stadtadligen Cencius überfallen und erst Stunden später von «den Römern» befreit worden war. So kam es, daß der zur Konfrontation entschlossene König und die seit Jahren über den päpstlichen Zentralismus empörten Bischöfe (bis auf wenige, die vergebens nach Ausflüchten suchten) gemeinsam sich zutrauten, von Worms aus dem Pontifikat Gregors ein vorzeitiges Ende bereiten zu können. Heinrich forderte in einem Schreiben Klerus und Volk von Rom auf, sich gegen «den Mönch Hildebrand» zu erheben und dadurch dessen «Absetzung» (*depositio*) herbeizuführen, während er diesen selbst in einem weiteren Brief drängte, unter dem Druck der laut gewordenen Vorwürfe von sich aus vom Apostolischen Stuhl herabzusteigen, also eine reumütige «Autodeposition» vorzunehmen, wie Gregor VI. dies 1046 auf der Synode von Sutri getan zu haben scheint. Die deutschen Bischöfe schließlich mit Siegfried von Mainz an der Spitze kündigten in einer eigenen Erklärung dem «Bruder Hildebrand» den Gehorsam auf, indem sie ihm vorhielten, von vornherein nicht rechtmäßig auf den Stuhl Petri gelangt zu sein. Mit dieser Argumentation sollte offenbar der überlieferte, allseits respektierte Rechtssatz umgangen werden, wonach der Inhaber des höchsten Sitzes niemandes Urteil unterliege (*Prima sedes a nemine iudicatur*).

Die zornigen Wormser Verlautbarungen, die unverzüglich auf den Weg zur römischen Fastensynode gebracht und dabei auch noch am 5. Februar in Piacenza von einer Versammlung oberitalienischer Bischöfe gebilligt wurden, beruhten ersichtlich auf der Vorstellung, an historische Muster für tatsächliche Papstabsetzungen durch weltliche Herrscher wie zuletzt Heinrich III. anknüpfen zu können. Allerdings wurde, wie Harald Zimmermann gezeigt hat, nicht der Anspruch erhoben, unmittelbar eine solche Absetzung herbeiführen zu können. Schon daß Heinrich IV. nicht zur sofortigen Benennung eines neuen Papstes schritt, sondern allenfalls den Römern nach dem Erfolg ihres Aufstandes einen von ihm «erwählten» Nachfolger in Aussicht stellte, läßt erkennen, daß man sich in Worms bei aller Entrüstung über Gregor der erheblichen Schwierigkeit bewußt war, fern von Rom aus eigener Machtvollkommenheit in die Leitung der dortigen Kirche wirksam und überzeugend einzugreifen. In den dreißig Jahren seit Sutri hatte sich ein Reformpapsttum formiert, das nicht mehr auf der lokalen Dominanz des römischen Adels beruhte, sondern sich als impulsgebendes Zentrum der (lateinischen) Christenheit weit über das salische Imperium hinaus Respekt verschafft und juristisch fundierte Vorstellungen vom Umfang seiner primatialen Amtsgewalt entwickelt hatte. So war Gregor, der auf einen Kampf von fundamentaler Tragweite nicht hingearbeitet und Heinrichs übersteigerte Reaktion wohl kaum vorausgesehen hatte, in zuvor ungekannter Weise gerüstet, um die Herausforderung anzunehmen. Er ließ sich nicht wie manche seiner Vorgänger in früheren Jahrhunderten von einem laikalen Gebieter aus dem Amt vertreiben, sondern reagierte wie noch kein Papst vor ihm mit dem Einsatz der äußersten geistlichen Strafmittel, die theoretisch seit jeher bereitgestanden hatten, in der Realität aber noch stets vor dem Nimbus sakral empfundenen Königtums verblaßt waren.

Den Entschluß zur «entscheidenden Tat seines Lebens» (Gerd Tellenbach) hat Gregor ähnlich abrupt getroffen, wie Heinrich Wochen zuvor seinerseits zum Angriff übergegangen war. Der Papst ließ die rechtzeitig eingetroffenen Abgesandten des Königs vor der im Lateran versammelten Fastensynode ihre Botschaft verkünden, die in der Aufforderung an Gregor gipfelte, von sich aus das Papsttum niederzulegen, und im Tumult der Zuhörer unterging. Am folgenden Tag, spätestens am 22. Februar, antwortete er mit präzise abgestuften Strafmaßnahmen: Erzbischof Siegfried von Mainz, der versucht habe, die deutsche Kirche von ihrer Mutter, der römischen, zu trennen, wurde vom Amt suspendiert und überdies exkommuniziert. Die übrigen in Worms beteiligten Bischöfe wurden ebenfalls suspendiert, aber nicht mit dem Bann belegt und erhielten die Möglichkeit, sich bis zum 1. August durch die Erklärung zu salvieren, sie hätten unter Zwang gehandelt. Dagegen sollten die oberitalienischen Bischöfe, die gegen den Apostelfürsten Petrus konspiriert hätten, unterschiedslos suspendiert und exkommuniziert sein. Nach etlichen ähnlichen Strafen für französische Bischöfe und Kleriker wegen unterschiedlicher Vergehen bildet den Höhepunkt des Eintrags im päpstlichen Registerbuch das feierliche Gebet an den hl. Petrus, worin Gregor sein Urteil über «König Heinrich, den Sohn Kaiser Heinrichs», sprach. Da dieser sich in «unerhörtem Hochmut» gegen die römische Kirche erhoben habe, untersagte ihm der Papst «die Herrschaft im ganzen Reich der Deutschen und Italiens», löste alle Christen von der Fessel des Eides, den sie ihm geleistet hätten oder leisten würden, und verbot jedermann, ihm wie einem König zu dienen. Erst dann folgte der Kirchenbann unter den Vorwürfen des Ungehorsams gegenüber dem Papst, der Kirchenspaltung und des verbotenen Umgangs mit zuvor bereits Gebannten. Das Wort «Absetzung» (*depositio*) fiel nicht, sondern Gregor stellte sich offenbar vor, durch die ausgesprochenen Sanktionen, denen «alle Christen» zu folgen hätten, Heinrich die Ausübung seiner Königsherrschaft unmöglich machen und ihn so zum Umdenken bewegen zu können.

Gregors Art, sich offensiv zu wehren, war historisch beispiellos, weshalb man zweifeln darf, ob Heinrich IV. und seine Umgebung, die erst um Ostern (27. März) in Utrecht davon erfahren haben sollen, auch nur annähernd mit dieser Wendung gerechnet hatten, die mit einer spontanen Exkommunikation des Papstes durch die gerade anwesenden Bischöfe beantwortet wurde. Beide Seiten befanden sich unversehens in einem Konflikt, der gewohnte Dimensionen sprengte, weil es nicht mehr um bestimmte verhandelbare Probleme ging – auch nicht um die Investiturpraxis, von der 1076 nirgends die Rede ist –, sondern um Ansprüche auf Vorrang und Befehlsgewalt, die zwingend einander ausschlossen. Weder konnte Heinrich abschätzen, welche Wirkung seine Bannung auf die Bischöfe, vor allem aber auf die eben erst bezwungenen politischen Gegner in Sachsen und anderswo in Deutschland haben würde, noch durfte Gregor sicher sein, daß der Salier nicht nun erst recht seinen längst fälligen Romzug unternehmen würde, um den Wormser Beschlüssen den zunächst fehlenden Nachdruck zu verleihen. Kaum zufällig wandte sich der Papst gleich im März 1076 an einen Erzbischof in Unteritalien, der einen Ausgleich mit den gebannten Normannenführern, Robert Guiscard und seinem Bruder Roger I., anbahnen sollte. Im April nahm er brieflichen Kontakt mit dem Patriarchen von Grado und mit einem der verbliebenen Pataria-Führer in Mailand auf.

Auch im Kampf um die Köpfe war es Gregor, der zuerst die Initiative ergriff, indem er sein Petrusgebet mit der Exkommunikation des Königs als Anlage eines Rundschreibens verbreitete, gerichtet an «alle, die zu den Schafen gerechnet werden wollen, die Christus dem hl. Petrus anvertraute», um ihnen zu zeigen, «wie unvernünftig und töricht diejenigen sind, die den Felsen, der von Christus begründet ist, umzustürzen und seine von Gott gewährten Vorrechte zu brechen versuchen». Erst das Echo dieser Erklärung scheint die Kanzlei Heinrichs IV. unter dem späteren Propst Gottschalk von Aachen bewogen zu haben, etwa im April eine propagandistisch zugespitzte Zweitfassung des Wormser Absageschreibens vom Januar in Umlauf zu setzen. Darin trat Heinrich als «König, nicht durch Anmaßung, sondern durch Gottes fromme Anordnung» auf, der sich an «Hildebrand, nicht mehr Papst, sondern falschen Mönch» wandte und «zusammen mit allen Bischöfen» in den berühmten Schlußworten «Steig herab, steig herab» weiter dessen Amtsverzicht forderte, wozu er geschickt ein Zitat aus dem 1. Petrusbrief bemühte: «Fürchtet Gott und ehret den König», habe Petrus, «der wahre Papst», verkündet. In einem weiteren Brief an die Bischöfe des Reiches, worin die bedrängte Lage der Kirche damit erklärt wurde, daß ein einzelner sich die königliche ebenso wie die bischöfliche Gewalt (*regnum et sacerdotium*) angemaßt habe, lud der König für Pfingsten (15. Mai) zu einer abermaligen Versammlung nach Worms, wo nach chronikalischem Bericht Gregor definitiv abgesetzt, vielleicht sogar ein Nachfolger proklamiert und der Romzug beschlossen werden sollte.

Daß diese Wormser Beratungen wegen zu geringer Beteiligung im Sande verliefen und auch sechs Wochen später in Mainz nach allerhand Diskussionen unter den Bischöfen nichts als eine Wiederholung der Exkommunikation Gregors und kein weitergehender Beschluß mehr zustande kam, entging dem Papst nicht und zeigte ihm, wie dem gebannten und suspendierten König der Boden unter den Füßen zu wanken begann. Nicht nur in Sachsen, wohin viele Gefangene des Vorjahres heimkehrten, faßten seine Gegner neuen Mut, auch die süddeutschen Herzöge Rudolf von Schwaben (1057–1080), Welf IV. von Bayern (1070–1101) und Berthold von Kärnten (1061–1078), mit denen Gregor bereits im Vorjahr einmal Briefkontakt aufgenommen hatte, erschienen nicht mehr am Königshof und witterten bald die Chance, den seit langem unbeliebten Salier als einen Gebannten vom Thron stoßen zu können. Für nicht wenige Bischöfe wurde das Beispiel Erzbischof Udos von Trier (1066–1078) maßgebend, der nach Rom gezogen war, dort Verzeihung erlangt hatte und mit dem Auftrag zurückkam, den

Kontakt mit königstreuen Amtskollegen zu meiden, aber auf den König selbst mit dem Ziel der Unterwerfung einzuwirken und allen Reumütigen die Absolution zu erteilen. Die Abkehr von Heinrich IV. schürte Gregor während des Sommers weiter durch eine ganze Serie von Briefen, die er über die Alpen sandte, um seinen Standpunkt zu bekräftigen und sein Einschreiten gegen den gesalbten König zu rechtfertigen. «Allen Getreuen im Reich der Deutschen, die den christlichen Glauben verteidigen», schilderte er ausgiebig, daß Heinrich seit Jahren seine Versprechungen gebrochen, schließlich gar einen großen Teil der Bischöfe in Italien und Deutschland dazu gebracht habe, den Gehorsam gegenüber dem hl. Petrus und dem Apostolischen Stuhl aufzukündigen, und daher mit dem Bann habe bestraft werden müssen. In einem weiteren Rundschreiben vom 25. Juli brachte er den Gewaltendualismus grundsätzlich zur Sprache und nahm für sich das Wort des Petrus aus der Apostelgeschichte in Anspruch, man müsse Gott mehr gehorchen als den Menschen. Dem Bischof Hermann von Metz (1073–1090), der Zweifel an der Zulässigkeit der Exkommunikation des Königs angemeldet hatte, gab er eine theologische Begründung, die auf der umfassenden Hirtengewalt des Petrus und seiner Nachfolger fußte. Daneben wurde mit dem Hinweis auf Papst Zacharias († 752), der 300 Jahre zuvor angeblich alle Franken vom Eid gegenüber dem letzten Merowingerkönig gelöst hatte, erstmals das Bemühen auch um eine historische Legitimation der Sanktionen gegen den Salier faßbar. Gregors Worte fanden Verbreitung und bewirkten, daß in dem ungewohnten Loyalitätskonflikt immer mehr Bischöfe sich vom König abwandten und ihren Frieden mit dem Papst machten.

Einem bereits deutlich zu seinen Gunsten gewandelten Klima in Deutschland trug Gregor Rechnung, als er am 3. September wiederum an seine dortigen Anhänger schrieb. Anders als zuvor erwog er die Möglichkeit, daß bei fortwährendem Starrsinn Heinrichs ein anderer mit Gottes Hilfe für die Regierung des Reiches gefunden werde, der zuverlässig verspreche, «der christlichen Religion» wie «dem Heil des ganzen Imperiums» zu dienen. Doch erschien ihm dies nur als letzter Ausweg, denn im weit größeren Teil des Schreibens ging es dem Papst darum, seine Leser darauf vorzubereiten, daß Heinrich, den er hier nicht mehr bloß als gebannt, sondern auch als «von der Königswürde abgesetzt» (*depositus*) einstufte, «sich von ganzem Herzen zu Gott bekehren» könnte; dann solle man ihm gegenüber nicht so sehr «die Gerechtigkeit» (*iustitia*) hervorkehren, die ihn am Königsein hindere, wie «die Barmherzigkeit» (*misericordia*), die viele Frevel tilge, und sich seines hervorragenden Vaters und seiner Mutter erinnern, mit denen vergleichbar «in unserer Zeit» niemand für die Regierung des Imperiums zu finden sei. Für diesen günstigen Fall wollte der Papst die Aufhebung der Exkommunikation von seinem vorherigen Einverständnis abhängig machen. Wodurch solche versöhnlicheren Töne bedingt waren, blieb ungesagt, doch hat Johannes Fried jüngst Indizien dafür zusammengetragen, daß etwa zur Mitte des Krisenjahres 1076 diskrete Bemühungen von Vermittlern eingesetzt haben, die auf den Plan traten, nachdem sich die beiden Kontrahenten gegenseitig die Gesprächsfähigkeit entzogen hatten. Beteiligt dürften des Königs Mutter, die in Rom lebende Kaiserin Agnes, sein Taufpate Abt Hugo von Cluny sowie Heinrichs Verwandte und Gregors mächtige Vertraute, die Markgräfin Mathilde von Tuszien, gewesen sein, und das Ziel kann nur darin bestanden haben, Heinrich klarzumachen, daß er ohne eine Anerkennung der Strafgewalt des Papstes, sichtbar gemacht durch eine förmliche Buße, seine Herrschaft nicht würde retten können, daß unter dieser Voraussetzung jedoch dem Papst nicht weiter an seinem Sturz und an der (von seinen schärfsten Widersachern betriebenen) Erhebung eines neuen Königs gelegen sei. Dabei spielte offenbar früh schon der Plan eines *generale colloquium* aller am Streit Beteiligten auf deutschem Boden eine Rolle, wozu Gregor persönlich erscheinen würde. Ein undatiertes Schreiben, in dem der Papst, «Nachlaß aller Sünden» verkündend, ohne Nennung eines bestimmten Zielortes den Getreuen in Deutschland die Absicht seines Besuches kundtat, um ihnen «in allem nützlich zu sein», könnte bereits vorgelegen haben, als sich Mitte Oktober in Tribur (nahe der Mainmündung) die fürstlichen Gegner des Königs versammelten, unter denen mittlerweile neben den drei Herzögen auch Erzbischof Siegfried von Mainz einen führenden Platz einnahm.

Dieses Treffen war bei einer Zusammenkunft in kleinerem Kreise Anfang September in Ulm vorbereitet worden und sollte dazu dienen, durch eine gründliche Aussprache über alle gegen Heinrich zu erhebenden Anklagen den Boden zu bereiten für dessen (durch die fortbestehende Exkommunikation ohnehin nahegelegte) Absetzung und die Wahl eines anderen, besseren Königs. Daß es zu dieser äußersten Konsequenz doch nicht kam, lag an mangelnder Entschlußkraft zumindest eines Teils der Triburer Versammlung, zudem vermutlich am mäßigenden Einfluß der päpstlichen Legaten, Patriarch Sigehard von Aquileia (1068–1077) und Bischof Altmann von Passau (1065–1091), aber gewiß auch daran, daß der König mit dem ihm verbliebenen Anhang auf der gegenüberliegenden Rheinseite bei Oppenheim lagerte, auf Gewalt verzichtete und sich offen für Ausgleichsverhandlungen zeigte. Die nach zwei Wochen gefundene Lösung besagte, daß Heinrich sich öffentlich zur Unterwerfung unter den Papst bereitfand und sein Königtum erst verwirkt sein sollte, falls es ihm nicht gelang, binnen Jahresfrist, also bis Februar 1077, vom Bann gelöst zu werden. Zu dem ins Auge gefaßten *generale colloquium* luden die Fürsten von sich aus den Papst zu Epiphanias (6. Januar) nach Augsburg ein. Ganz so eilig hatte es Gregor offenbar nicht, denn er kündigte seinerseits nach vielen Aussprachen mit den «Boten des Königs» den Getreuen in Deutschland an, am 8. Januar in Mantua zu sein, von wo aus er um sicheres Geleit über die Alpen bat, also etwa an Mariä Lichtmeß (2. Februar) in Augsburg hätte eintreffen können. Da das Geleit jedoch ausblieb, verharrte er weiter in Oberitalien und gab so König Heinrich Gelegenheit, mit ihm zwar nicht in Rom (wie ursprünglich gewünscht), aber doch südlich der Alpen und ohne Beteiligung der oppositionellen deutschen Fürsten zusammenzutreffen.

Heinrich IV., der Mitte Dezember von Speyer aus mit der Gattin Bertha und dem kleinen Sohn Konrad aufgebrochen war, hatte Weihnachten in Besançon gefeiert und gleich danach den in diesem Winter besonders beschwerlichen Alpenübergang am

Mont Cenis, der einzigen für ihn sicheren Paßstraße, hinter sich gebracht. Anfang Januar tauchte er in der Poebene auf, wo sich ihm auch die Schwiegermutter, Markgräfin Adelheid von Turin († 1091), anschloß, während Gregor in Begleitung Abt Hugos von Cluny, der Markgräfin Mathilde und anfangs auch der Kaiserin Agnes angereist war. Das Erscheinen des Königs konnte ihn kaum noch überraschen, und er wird eigentlich wohl auch nicht an dessen friedlichen Absichten gezweifelt haben, bezog aber doch Mathildes feste Burg Canossa im Apennin unweit von Reggio, da zu hören war, daß dem König kampfbereite Papstgegner aus Oberitalien zuströmten. Deren Erwartungen enttäuschte Heinrich jedoch rasch, denn er war gekommen, um sich von Gregor wieder in die Gemeinschaft der Kirche aufnehmen zu lassen. Dazu schlug er sein Lager in Bianello zu Füßen der Burg Canossa auf und knüpfte von dort aus Verhandlungen mit dem Papst über die näheren Modalitäten an. Gemäß den von den Vermittlern getroffenen Absprachen erschien Heinrich an drei Tagen hintereinander barfuß und im Büßergewand (also ohne alle Insignien königlicher Würde) im Vorhof der Burg und bat fastend und frierend um Einlaß und Vergebung, bis er endlich (nach besserer Überlieferung am 25. Januar 1077, dem Fest der Bekehrung des Saulus zum Paulus) zum Papst vorgelassen und nach einem Sündenbekenntnis vom Bann losgesprochen wurde. Ausdruck der wiedergewonnenen Gemeinsamkeit waren eine Meßfeier, bei der Gregor dem König die Kommunion reichte, sowie ein anschließendes Versöhnungsmahl.

Was auf der Burg vor nur wenigen Augenzeugen vonstatten ging, waren keineswegs bloß rituelle Formalien. Sich als Sünder zu bekennen und dafür Buße zu leisten, galt nicht als persönliche (oder gar «nationale») Blamage, sondern war der von Lehre und Recht der Kirche vorgesehene Weg zur Rückgewinnung der Aussicht auf ewiges Heil – ein wahrhaft existentielles Ziel für jeden gläubigen Christen –, begründete aber auch für den, der sich dazu überwand, einen gewissen Anspruch auf Lossprechung. Gregor ist selbst nach wenigen Tagen auf diesen Zusammenhang zu sprechen gekommen, als er in einem neuen Brief an die Getreuen in Deutschland von dem Geschehen «in lauterer Wahrheit» berichtete und sein Verhalten rechtfertigte: Der bußfertige König habe «alle, die zugegen waren und zu denen diese Kunde kam, zu solchem Erbarmen und barmherzigen Mitleid bewogen, daß sich alle unter vielen Bitten und Tränen für ihn verwandten und sich über die ungewohnte Härte unseres Sinnes wunderten, einige gar ausriefen, in uns sei nicht die Festigkeit apostolischer Strenge, sondern die Grausamkeit tyrannischer Wildheit. Schließlich wurden wir durch seine beständige Zerknirschung und die eindringlichen Bitten aller Anwesenden bezwungen, lösten ihn von der Fessel des Anathems und nahmen ihn in die Gnade der Gemeinschaft und in den Schoß der heiligen Mutter Kirche auf, nachdem wir von ihm Zusicherungen erhalten hatten, die unten aufgeführt sind. Auch erhielten wir deren Bestätigung aus den Händen des Abtes von Cluny und unserer Töchter Mathilde und Gräfin Adelheid sowie anderer Fürsten, Bischöfe und Laien, die uns dazu von Nutzen schienen.»

Wie das Zitat zeigt, gab es die Lösung vom Bann üblicherweise und auch in diesem Fall nicht ohne Genugtuung (*satisfactio*), worin die Umkehr des Sünders zum Ausdruck kommen sollte. Die Getreuen in Deutschland bekamen als Anlage zu dem päpstlichen Rundschreiben lediglich einen auf den 28. Januar datierten Eidestext des Königs zu lesen, der das Versprechen enthielt, dem Papst freies Geleit auf seiner weiterhin geplanten Reise über die Alpen zu gewähren und sich im Streit (*dissensio*) mit den deutschen Fürsten innerhalb einer von Gregor zu bestimmenden Frist entweder dessen Urteil oder einer gütlichen Einigung nach seinem Rat (*aut iustitiam secundum iudicium eius aut concordiam secundum consilium eius faciam*) zu fügen. Da indes die politischen Zerwürfnisse im Reich der Deutschen ebenso wenig wie Heinrichs vielen verhaßter Regierungsstil der hinreichende Grund für die Exkommunikation des Königs gewesen waren, können sich auch die Zugeständnisse, die er für die Lossprechung zu machen hatte, nicht auf das beschränkt haben, was hier zur Beschwichtigung der deutschen Opposition verbreitet wurde. Vielmehr ist als sicher zu unterstellen, daß Heinrich nicht umhinkam, den von ihm investierten, von Gregor exkommunizierten Mailänder Erzbischof Tedald fallenzulassen, was zwei von Canossa ausgehende päpstliche Legaten sogleich in der Stadt bekannt gemacht haben dürften. Das Ringen um die höhere Autorität, das ein Jahr lang im Zentrum gestanden hatte, war durch Heinrichs Gang nach Canossa für alle Welt sichtbar zugunsten des Papstes entschieden, so daß es im Grunde eines förmlichen Widerrufs der Wormser Absage an «Hildebrand» und einer erneuten Anerkennung von Gregors Hirtengewalt nicht mehr bedurfte. Heinrich seinerseits hatte erreicht, von Gregor wieder als König betrachtet zu werden (auch wenn das später bestritten wurde), nahm durch die Rückkehr in die kirchliche Gemeinschaft seinen deutschen Widersachern erheblich Wind aus den Segeln und durfte anscheinend darauf vertrauen, daß deren Streben nach einem anderen König noch weniger als zuvor beim Papst Unterstützung fand. Insofern wird verständlich, daß einzelnen zeitgenössischen Beobachtern das Resultat der Begegnung von Canossa als eine wechselseitige Vereinbarung, als ein «Friedenspakt» (Stefan Weinfurter), erscheinen konnte, die bei einem zweiten Treffen von Papst und König Anfang Februar in Bianello noch weiter präzisiert worden sein mag. Tatsächlich war es ein notdürftig herbeigeführter Frieden, dem Gefahren gleich von mehreren Seiten drohten.

## 7. Nach Canossa

Die päpstliche Kirchenreform, sein ureigenes Anliegen, hat Gregor inmitten der Turbulenzen des Krisenjahres 1076 keineswegs aus den Augen verloren. Wie seinem Briefregister zu entnehmen ist, drehte sich zwar im Verhältnis zum Reich Heinrichs IV. alles um die Konsequenzen des großen Konflikts der Gewalten, doch anderwärts verfolgte der Papst seine ursprünglichen Ziele als oberster Hirt der Gläubigen unbeirrt weiter. Den Bischof von Burgos wies er an, dafür zu wirken, daß überall in Spanien die römische Liturgie eingeführt werde. Vom Bischof von Orléans verlangte er, sich wegen schwerer gegen ihn erhobener Vorwürfe bis zum 1. November in Rom zu rechtfertigen, und als er ausblieb, setzte er ihn sogleich mit Schreiben vom 2. November ab. Den Grafen von Flandern und dessen Mutter drängte er zur Strenge gegen Priester und Diakone, die mit Frauen zusammenlebten, und erst recht gegen simonistische Bischöfe. Wilhelm der Eroberer, König von England (1066–1087) und Herzog der Normandie, erfuhr durch ein Schreiben Gregors, daß der bretonische Erzbischof von Dol wegen unrechten Erwerbs seiner Würde und einer ungenierten öffentlichen Hochzeit abgesetzt und vom Papst durch einen (gleich in Rom geweihten) würdigeren Nachfolger ersetzt worden sei, dem der König seine Unterstützung gewähren solle. Konnte Gregor nach Canossa hoffen, Heinrich IV. nun soweit in die Schranken gewiesen zu haben, daß auch er sich endlich in den Dienst der kirchlichen Erneuerung stellen würde?

Eine Probe aufs Exempel boten gleich die lombardischen Bischöfe, die anders als ihre deutschen Amtskollegen nach der Maßregelung durch die römische Fastensynode von 1076 keine Aussöhnung mit Gregor gesucht hatten, sondern als selbstgewisse Repräsentanten ihres Stadtadels, vielfach auch mit Frauen verbunden, im Widerstand gegen den päpstlichen

Primatsanspruch verharrten. Einige wie Wilhelm von Pavia (1066/67–1102/03) und Kunibert von Turin (1046–1082) hatte schon die Fastensynode von 1075 suspendiert, Dionysius von Piacenza (1048/49–1082/85) sogar abgesetzt. Ihren Stolz zu brechen, war die Aufgabe der von Canossa ausgesandten Legaten, Kardinal Gerard von Ostia († 1077) und Bischof Anselm II. von Lucca, die zwar in Mailand freundliche Aufnahme fanden und den abgesetzten Erzbischof Tedald zum Verlassen der Stadt nötigten, aber nach einem Zwischenaufenthalt in Pavia bereits Mitte Februar in Piacenza auf Veranlassung des dortigen Bischofs Dionysius festgesetzt wurden. Heinrich IV. konnte oder wollte nicht dagegen einschreiten, als er von Bianello aus – erstmals in seiner Regierung – die Gelegenheit ergriff, sich in mehreren Städten Oberitaliens unter den Augen seiner Mutter Agnes als königlicher Gerichtsherr in Szene zu setzen, wobei er gebannte Bischöfe in seiner Umgebung duldete. Gregor beklagte sich in einem Schreiben an die Getreuen in Deutschland über «Hochmut» und «Bosheit» der lombardischen Bischöfe, urteilte aber eher milde über den König, dessen Anwesenheit freilich die Gegner des Apostolischen Stuhles ermutige, und bekräftigte gleichwohl seine Entschlossenheit, «mit oder ohne Zustimmung des Königs» über die Alpen zu kommen. Eine in Mantua vorgesehene päpstliche Synode, die unter Heinrichs Beteiligung der Kirchenreform in Oberitalien voranhelfen sollte, kam nicht mehr zustande.

In Deutschland zu erscheinen, wurde der Papst dringlich gebeten von einer entschlossenen hochrangigen Minderheit unter den deutschen Fürsten, die sich von Heinrichs Canossafahrt hintergangen fühlte und ohne Rücksicht auf die Bannlösung weiter darauf aus war, einen anderen König zu wählen, wofür sie die Zeit von Heinrichs Abwesenheit in Italien nutzen wollte. Gregor wurde eingeladen, statt nach Augsburg nun Mitte März nach Forchheim zu kommen, um durch seine Mitwirkung das Vorhaben der antisalischen Opposition zu legitimieren. Der Papst beschränkte sich auf die Entsendung zweier Legaten, Kardinaldiakon Bernhard († nach 1081) und Abt Bernhard von Saint-Victor in Marseille († 1079), die zumindest auf eine Verschiebung der Königswahl hinwirken sollten, hielt sich selbst aber zurück mit Hinweis auf die unsichere Lage in Oberitalien und die – trotz des in Canossa geleisteten Eides – ungewisse Haltung des Königs, nicht ohne daran zu erinnern, daß ihn die deutschen Fürsten erst kürzlich bei seinem Wunsch nach sicherem Geleit über die Alpen im Stich gelassen und damit Heinrich erst die Möglichkeit der Buße in Canossa verschafft hätten. So kam es, daß ohne päpstlichen Segen Herzog Rudolf von Schwaben am 15. März 1077 in Forchheim von den Herzögen Welf von Bayern und Berthold von Kärnten, den Erzbischöfen Siegfried von Mainz, Gebhard von Salzburg (1060–1088) und Werner von Magdeburg (1063–1078) sowie mindestens vier weiteren Bischöfen zum König gewählt wurde, was die Abgesandten des Papstes nicht verhindern konnten und am Ende wohl auch nicht mehr verhindern wollten. Trotz der prominenten Wähler verfügte der Gegenkönig, der die Beachtung kanonischer Bischofswahlen und den Verzicht auf die Erbfolge seines Sohnes versprach, nur über eine begrenzte Basis, weil die Mehrheit zumal der Reichsbischöfe nach Heinrichs Lossprechung vom Bann anscheinend keinen zwingenden Grund mehr für seine Ablösung sah. Schon am Tage nach der eilig anberaumten Salbung und Krönung in Mainz (26. März) mußte Rudolf zusammen mit Erzbischof Siegfried vor einem blutigen Aufruhr der Bürgerschaft aus der Stadt fliehen.

Auf die nicht ganz unerwartete Nachricht von der Forchheimer Königswahl reagierte Heinrich, indem er schleunigst Italien verließ, und zwar auf dem Wege über die Ostalpen, wo er Patriarch Sigehard von Aquileia, einen der päpstlichen Legaten des Vorjahrs, durch großzügige Schenkungen auf seine Seite zog und in Kärnten einen einheimischen Gegenherzog installierte. Während er so Anfang Mai wieder in Bayern auftauchen konnte, ließ der Papst, der weiter im Machtbereich der Markgräfin Mathilde rund um Canossa verweilte, mehrere Wochen verstreichen, bis er sich am 31. Mai brieflich an seine beiden Legaten namens Bernhard mit dem Auftrag wandte, sie sollten «beide Könige (*utrumque regem*) Heinrich und Rudolf» um freies Geleit für ihn ersuchen, damit er über die Alpen ziehen und mit dem Rat aller Gottesfürchtigen feststellen könne, «auf welcher Seite das größere Recht ist, das Reich zu regieren». Aus dem ursprünglichen Reiseziel Gregors, persönlich alle gegen Heinrich IV. erhobenen Vorwürfe zu untersuchen, war gemäß der gewandelten Lage nun die Aussicht auf ein Schiedsgericht über beide Thronrivalen geworden, das der Papst unter Hinweis auf die erhebliche Tragweite der Sache «für die ganze Kirche» als seine Aufgabe in Anspruch nahm. In diesem Sinne schrieb er gleichzeitig den Deutschen über seine Sorge, daß «durch den Übermut eines Menschen Tausende von Christen dem zeitlichen und ewigen Tod anheimgegeben, der christliche Glaube erschüttert und das römische Reich in den Untergang geführt werden» könnte, und rief sie dazu auf, denjenigen König zu verlassen, der sich seiner Reise zu ihnen in den Weg stellen würde. Über seine realen Spielräume machte er sich dabei wenig Illusionen, denn nur neun Tage später bemerkte er in einem Schreiben nach Ungarn, die deutschen Dinge hätten sich «zu einem sehr schweren Streit und zu einem Zwiespalt fast des ganzen Landes» entwickelt, so daß er «derzeit» keine Möglichkeit sehe, seine Reise dorthin fortzusetzen, die er in der Absicht angetreten habe, «zwischen König Heinrich und den Fürsten des Landes Frieden und Eintracht herzustellen». Um die Jahresmitte machte sich Gregor auf den Heimweg nach Rom, wo er im September nach neunmonatiger Abwesenheit wieder eintraf.

In diese Zeit des Abwartens und der schwindenden Hoffnungen fällt eine konzeptionelle Wandlung von Gregors Reformpolitik, die nähere Beachtung verdient. Am 1. März 1077, fünf Wochen nach Canossa, teilte der Papst dem Erzbischof von Tours erfreut mit, die Fürsten der Bretagne hätten ihm (im Zusammenhang ihrer Bemühungen um die Anerkennung einer gesonderten Kirchenprovinz Dol) zugesagt, «entgegen einer alten schlechten Gewohnheit (*contra antiquam et pessimam consuetudinem*)» künftig bei der Einsetzung von Bischöfen auf das Vorrecht der Investitur (*dominium investiturae*) und die Forderung von Geld (*pecuniae commodum*) verzichten zu wollen. Erstmals in seiner umfangreichen Korrespondenz bedachte Gregor hier die herkömmliche Form der Bischofserhebung durch weltliche Machthaber mit prinzipiell ablehnenden Worten, unabhängig von der längst inkriminierten Simonie. Zwei Monate später, am 12. Mai, beauftragte er Bischof Hugo von Die (seit 1074, Erzbischof von Lyon 1082/83–1106), seinen ständigen Legaten in Frankreich, dort auf einer großen Synode den Beschluß herbeizuführen, daß niemand mehr die Weihe erhalten dürfe, der aus Laienhand sein Bischofsamt (*a laica persona donum episcopatus*) empfangen habe. Diese grundsätzliche Wandlung in der Haltung des Papstes beeinflußte auch seine Einschätzung der Investiturpraxis in Deutschland, die allein in den Händen des Königs und nicht wie in Frankreich auch regionaler Gebieter lag. Mehrfach machte er Reichsbischöfen, die Heinrich IV. seit 1075 eingesetzt hatte, nach Jahr und Tag zum Vorwurf, sich mit der Annahme der Investitur über seinen Beschluß (*decretum*) oder gar darüber hinweggesetzt zu haben, daß der König gebannt war. Das lag noch auf der Linie der bereits 1073 einmal formulierten konditionierten Mißbilligung der Investitur in Abhängigkeit vom kirchenrechtlichen Status des Königs, doch zeigte die Tatsache, daß Gregor sich jedesmal mit der Beteuerung der Beschuldigten abfinden mußte, diese Rechtslage nicht gekannt oder nicht durchschaut zu haben, wie dringlich eine generelle Klärung geworden war. Anscheinend hat es der aufwühlenden Erfahrungen des Jahres 1076/77 bedurft, um einem Postulat zum sichtbaren Durchbruch zu verhelfen, zu dem Kardinal Humbert schon fast zwanzig Jahre zuvor gedanklich vorgestoßen war.

Da 1077 keine päpstliche Synode stattfand, begann die Geschichte der ausdrücklichen Investiturverbote in Frankreich. Gemäß Gregors brieflichem Auftrag vom Mai brachte der Legat Hugo von Die Mitte September eine Synode zustande, die vor dem widerstrebenden König Philipp nach Autun im Herzogtum Burgund ausweichen mußte und vermutlich nur schwach besucht war. Ihre Kanones sind im Wortlaut verloren, doch geht aus einem indirekten Zeugnis hervor, daß sich der Legat ziemlich eng an die Vorgabe des Papstschreibens anlehnte und folglich beschließen ließ, kein Metropolit oder sonstiger Bischof dürfe jemandem die Weihe erteilen, wenn eine Einsetzung durch

Laienhand vorangegangen sei, und kein weltlicher Gebieter (*nulla potestas*) dürfe sich in die Bischofserhebung einmischen. Auch wenn König Philipp (nach dem Bericht Hugos von Die) seine Bischöfe anwies, keinen Beschlüssen beizupflichten, die den Glanz der Königsmacht wie auch der Fürsten des Reiches beeinträchtigten, gelang am 15. Januar 1078 der Zusammentritt einer weiteren Kirchenversammlung, diesmal in Poitiers im Machtbereich des Herzogs von Aquitanien, die in einem überlieferten Kanon festlegte, kein Bischof oder sonstiger geistlicher Amtsträger dürfe «von der Hand des Königs oder Grafen oder sonstiger Laien (*de manu regis vel comitis vel cuiuslibet laicae personae*)» das Geschenk seiner Würde annehmen, sondern nur von den hierarchisch zuständigen Autoritäten; über zuwiderhandelnde Laien solle die Exkommunikation, über ihre Kirchen das Interdikt (Verweigerung geistlicher Handlungen) verhängt werden. Ähnliche Maßregeln, die wohlgemerkt die Laieninvestitur ganz losgelöst von Simonie verdammten, wurden zur selben Zeit Gregors Legaten in Deutschland nicht aufgetragen und von ihnen auch nicht proklamiert. Noch die römische Fastensynode von 1078, auf der Gregor über zahlreiche Bischöfe in Italien und Frankreich Gericht hielt, sparte die Investiturproblematik aus. Erst eine zweite Synode, die im November 1078 in der Lateranbasilika stattfand, legte nun auch auf gesamtkirchlicher Ebene fest, daß Investituren durch Laien zwar weitverbreitet, aber der *christiana religio* abträglich seien und deshalb kein Kleriker eine solche Investitur «von der Hand des Kaisers oder des Königs oder eines sonstigen Laien, Mann oder Frau», bei Strafe des Kirchenbanns entgegennehmen dürfe.

Ein Investiturstreit in des Wortes eigentlicher Bedeutung ist daraus allerdings erst auf weitere Sicht erwachsen, denn in Frankreich und Italien fand das Thema vorerst nur wenig Aufmerksamkeit, und in Deutschland war es eher der Thronstreit der beiden Könige, der seit März 1077 die Gemüter bewegte. Sowohl Heinrich wie Rudolf ließ der Papst im Herbst noch einmal seine Briefe vom 31. Mai zukommen, worin er durch die Forderung nach freiem Geleit den Anspruch auf sein Schiedsgericht angemeldet hatte. Um dieses Zieles willen mußte er vermeiden, sich kurzerhand auf einen der Rivalen festzulegen. Obwohl ihn Heinrich IV. nach Canossa wiederum enttäuscht hatte (wie er durch Bezugnahme auf den dort geleisteten Eid deutlich zu verstehen gab), ließ er ihn nicht einfach fallen, zumal höchst ungewiß war, ob Rudolf jemals die Oberhand gewinnen und dann die starke Stütze für die päpstliche Kirchenreform sein würde, die Gregor sich sehnlichst erhoffte. Als der Legat Kardinaldiakon Bernhard, der sich im Gefolge Rudolfs nach Sachsen hatte zurückziehen müssen, am 12. November in Goslar eigenmächtig den Bann über Heinrich aussprach, fand dies ausdrücklich nicht die Billigung des Papstes, für den bei der Vorbereitung der Fastensynode von 1078 akute Sorgen in Italien in den Vordergrund rückten. Da Robert Guiscard, mit dem Gregor noch 1076 um Versöhnung bemüht gewesen war, im Laufe des Jahres 1077 das Fürstentum Salerno unterworfen hatte und bedrohlich vor dem päpstlichen Benevent stand, betrachtete der Papst den Lehnseid von 1059 als gebrochen und setzte einen Beschluß durch, der «alle Normannen» (ohne Namensnennung), die den Kirchenstaat bedrohten, exkommunizierte und jeglichen Gottesdienst bei ihnen untersagte. Die widerspenstigen Bischöfe Oberitaliens wurden kurzfristig vorgeladen und, als sie nicht zur Synode erschienen, allesamt suspendiert, teilweise auch gebannt, darunter neben Tedald von Mailand jetzt auch der 1072 zum Erzbischof von Ravenna erhobene frühere Kanzler Wibert, dem zunächst Gregors Wohlwollen gegolten hatte. Auf diese Gruppe war in erster Linie das generelle Verbot der Synode gemünzt, von Gebannten Weihen entgegenzunehmen.

In der «Königssache» wurde dagegen nichts entschieden, sondern lediglich an beide Parteien die Aufforderung gerichtet, sich auf Zeit und Ort für eine Versammlung zu verständigen, bei der neue Legaten des Papstes – anscheinend nicht mehr Gregor selbst – «entweder den Frieden herbeiführen oder wahrheitsgemäß herausfinden» sollten, «welcher Seite das Recht günstig ist (*cui parti iustitia faveat*)». Die formelle Neutralität des Schiedsrichters, die Gregor auch im zweiten Jahr nach Canossa an den Tag legte, erregte gesteigerten Unmut bei den sächsischen Gegnern des Saliers. Von ihnen mußte sich der Papst vorhalten lassen, wie er denn noch eine Untersuchung (*discussio*) für erforderlich halten könne, wo er doch längst den «Ex-König (*exrex*)» Heinrich wegen seiner Vergehen gebannt und alle ihm geleisteten Eide außer Kraft gesetzt habe. Canossa solchermaßen einfach zu verleugnen und sich vor aller Welt auf die Seite Rudolfs zu schlagen, war Gregor indes auch im Herbst 1078 nicht bereit, nachdem er vernommen hatte, daß die bilaterale Einigung über den Rahmen für die *discussio* ausgeblieben war und sich statt dessen die Heere beider Könige am 7. August bei Mellrichstadt eine blutige Schlacht geliefert hatten, die ohne klaren Sieger geblieben war, immerhin aber einen Durchbruch Rudolfs nach Süddeutschland verhinderte. Auf der römischen Novembersynode, die das Investiturverbot aussprach, versagte sich der Papst sowohl der Forderung von Heinrichs Beauftragten, endlich Rudolf als Aufrührer zu exkommunizieren, als auch dem Drängen von dessen Boten, den vom Legaten Bernhard in Sachsen verhängten Bann über Heinrich zu bestätigen. Vielmehr blieb Gregor seiner bisherigen Linie treu, brachte also beide Seiten erneut zu der eidlichen Versicherung, sie würden das geplante Schiedsgericht unterstützen, und kündigte selbst den Bischöfen «im deutschen und im sächsischen Reich» sowie allen Fürsten, «soweit sie nicht im Bann und bereit zu gehorchen» seien, wiederum seine Gesandten an, wobei er jedem mit dem Bannfluch und der Sieglosigkeit seiner Waffen drohte, der sich dem Abschluß eines Friedens in den Weg stellen würde. Daß er mehr und mehr besorgt war, mit seinem Beharren auf einem geistlichen Gericht über den politischen Zwiespalt in Deutschland von den führenden Kreisen des Laienadels nicht verstanden zu werden, zeigte sich um die Jahreswende 1078/79. Während er den bayerischen Herzog Welf und andere ermahnen mußte, nicht gegen ihn zu «murren», vielmehr einzusehen, daß er unter Gottes Führung auf «dem Weg der Väter» voranschreite, tadelte er drei Tage später Abt Hugo von Cluny dafür, den frommen Herzog von Burgund durch Aufnahme in seinen Konvent der Welt entzogen zu haben, da man doch «Fürsten (*principes*), die Gott fürchten und lieben, im ganzen Okzident kaum je antrifft».

Tatsächlich ist Gregor auch 1079 seinen Zielen im deutschen Thronstreit bloß scheinbar einen Schritt nähergekommen. Abermals gab es eine römische Fastensynode, zu der sich Abgesandte beider Könige einfanden, doch der Vertreter Heinrichs IV. gedachte sich aus der Affäre zu ziehen, indem er ankündigte, sein Herr werde bald höherrangige Gesandte nach Rom schicken und sich dann deren Abmachungen mit dem Papst zum Frieden zwischen *regnum* und *sacerdotium* beugen. Auf diesen Versuch, wie in Canossa ohne Beteiligung der deutschen Fürsten einig zu werden, ging Gregor nicht ein, vermied aber auch die von den Sachsen geforderte sofortige Bannung des Saliers, sondern nahm dessen Boten schließlich den Eid ab, bis zum Fest Christi Himmelfahrt (2. Mai) würden Beauftragte des Königs in Rom erscheinen, um päpstliche Legaten sicher nach Deutschland zu geleiten, denen Heinrich «in allem gehorsam sein» wolle. Daß auch Rudolf zu einem solchen *colloquium* erscheinen würde, beeideten dessen Abgesandte. Doch längst bevor Heinrichs Beauftragter, Bischof Benno von Osnabrück (1068–1088), bei Gregor eintraf, hatte dieser eigene Legaten, Kardinalbischof Petrus von Albano († 1089) und Bischof Udalrich von Padua (1064–1080), an den salischen Hof entsandt und «König» Rudolf samt seinem Anhang in einem Brief versichert, er bleibe bestrebt, «die wahre Gerechtigkeit von der falschen, wirklichen vom vorgetäuschten Gehorsam nach dem Urteil des Heiligen Geistes zu unterscheiden und so nach rechter Ordnung die Angelegenheit zu Ende zu führen». Die Legaten, die zu Pfingsten in Regensburg eintrafen, sollten bei Heinrich IV. nicht nur die Zustimmung zu dem *colloquium* erreichen, sondern sich auch für diejenigen Bischöfe verwenden, die inzwischen als Anhänger des Papstes aus ihren Sprengeln hatten weichen müssen. Während Benno von Osnabrück in Rom Gregor vom Friedenswillen seines Königs berichtete, duldete dieser ein von den Legaten anberaumtes Treffen beider Parteien im Juni in Fritzlar, wo die Sachsen unter Führung des vertriebenen Erzbischofs Siegfried von Mainz ihre Bereitschaft bekundeten, sich an der vom Papst gewünschten «Unterredung» über die Gründe des «so großen Zerwürfnisses und Aufruhrs» zu beteiligen, aber zu ihrer Sicherheit Geiseln von seiten Heinrichs forderten, worüber man bei einer neuen Zusammenkunft Wochen später in Würzburg weiterverhandeln wollte. Als dorthin jedoch nicht bloß die Legaten, sondern auch der salische König mit großem Gefolge zog, blieben Rudolfs Anhänger weg und spielten so Heinrich den Vorwand zu der Feststellung in die Hände, die Gegenseite habe sich den Anordnungen des Papstes widersetzt und müsse deshalb ihrerseits exkommuniziert werden. Die Legaten lehnten das ab, hielten sich aber noch längere Zeit in Heinrichs Umgebung auf, was die Verärgerung der Partei Rudolfs weiter steigerte. Der Papst, ungenau informiert, sah sich am 1. Oktober zu einem erneuten Brief an «die Getreuen des hl. Petrus im deutschen Reich» veranlaßt, worin er ihnen Mut zusprach, seine (noch nicht heimgekehrten) Legaten zu rechtfertigen suchte und im übrigen die bemerkenswerte Lageeinschätzung abgab: «Alle Lateiner (*Quotquot Latini sunt*) bis auf ganz wenige spenden der Sache Heinrichs Lob und verteidigen sie, während sie mir allzu große Härte und Unbarmherzigkeit ihm gegenüber vorwerfen. Dank Gott haben wir ihnen bislang widerstanden, so daß wir gemäß unserem Verständnis keiner Seite zuneigen, es sei denn nach Recht und Billigkeit.»

Der einzige konkrete Versuch, das päpstliche Schiedsgericht in Deutschland wenigstens anzubahnen, war damit in gegenseitiger Erbitterung gescheitert. Heinrich IV. drang im Winter 1079/80 wieder nach Sachsen vor, um den Gegenkönig in die Enge zu treiben, und der sächsische Geschichtsschreiber Bruno hielt über das Jahr 1079 fest, es sei nichts Bemerkenswertes geschehen, «außer daß apostolische Legaten mehrfach zu beiden Parteien kamen, bald uns, bald unseren Feinden die Gunst des Papstes versprachen und nach römischer Sitte (*more Romano*) von beiden Seiten soviel Geld mit sich nahmen, wie sie zusammenbringen konnten». Gregors Wunsch, kraft päpstlicher Autorität den Thronstreit «nach Recht und Billigkeit» zu entscheiden, blieb solange illusorisch, wie sich Heinrich berechtigte Hoffnung auf den militärischen Sieg machen konnte. Rudolf mochte die besseren Aussichten auf Unterstützung der kirchlichen Reformziele bieten; was ihm fehlte, war die breite Machtbasis, um Gregor und seinen Legaten wirksam zur Seite zu stehen. Die war nur Heinrich zuzutrauen, weshalb der Papst sich drei Jahre lang nicht davon abbringen ließ, dem vom Bann gelösten Salier seine ausgestreckte Hand anzubieten.

Zweifellos erforderten die Verwicklungen in Deutschland Gregors gesteigerte Aufmerksamkeit, hinderten ihn aber nicht, auch weiterhin die gesamtkirchlichen Reformziele zu verfolgen, deren Durchsetzung er als seine vornehmste Aufgabe ansah. Auf den drei Lateransynoden von 1078/79 griff er energisch mit Suspendierungen und Exkommunikationen durch, die sich gegen oberitalienische und französische Bischöfe, aber auch gegen negativ aufgefallene Laienfürsten, pauschal gegen alle, die trotz Vorladung nicht erschienen waren, und im Herbst 1078 sogar gegen den neuen byzantinischen Kaiser Nikephoros III. (1078–1081) richteten, der Monate zuvor seinen Vorgänger Michael VII. durch einen Aufstand verdrängt hatte. Die immer häufigere Verhängung des Anathems gab Anlaß zu weiteren Regelungen wie der ausdrücklichen Feststellung, Weihen seien ungültig, sofern sie durch Gebannte gespendet würden, aber auch zu einer Lockerung des Verbotes, mit Gebannten Umgang zu haben, für deren Familienangehörige und abhängige Leute. Weihen waren natürlich ebenso als ungültig zu betrachten, wenn sie auf simonistische Weise angebahnt worden waren, und der «Verkauf» kirchlicher Würden sollte höhere Geistliche ihr Amt kosten. Eingeschärft wurden das Erfordernis kanonischer Wahlen und für Laien das Verbot, sich Kirchengut und Zehnteinkünfte anzueignen. Gerechnet wurde sogar mit der Möglichkeit, daß ein Bischof gegen Geldzahlungen bereit sein könnte, über die «Unzucht» seiner Kleriker hinwegzusehen. Nur einmal, auf der Fastensynode von 1079, stand eine theologische Streitfrage im Vordergrund, die Abendmahlslehre Berengars von Tours, der dem Legaten Hildebrand schon 25 Jahre zuvor in Frankreich gegenübergestanden hatte und nun zu einem (im Register festgehaltenen) Eid genötigt wurde, der seine Rechtgläubigkeit bezeugen sollte.

Wie Gregor die Menge der Synodalbeschlüsse mit Leben zu erfüllen suchte, lehrt wiederum seine Korrespondenz. Sie zeigt das Zusammenwirken mit den Legaten, die er mit Instruktionen und Empfehlungsschreiben ausstattete, zu Berichten aufforderte und im Einzelfall auch im Stich ließ, indem er ihre unterwegs getroffenen Entscheidungen kassierte. Daneben wandte er sich ganz unmittelbar in großen Pastoralschreiben an Könige (in Dänemark, Norwegen, Ungarn, León) und rief Bischöfe zur Ordnung, über die ihm Klagen zu Ohren gekommen waren. Gern schaltete er sich (auf unterschiedliche Weise) in die Besetzung vakanter Bischofsstühle ein oder ließ in Italien und Deutschland ein Rundschreiben verbreiten, das von jedermann verlangte, die liturgischen Handlungen von nicht zölibatären Klerikern zu boykottieren. Wie beharrlich Gregor bestimmten Skandalen auf den Fersen bleiben konnte, ist an einer Folge von drei Briefen abzulesen, die er von 1077 bis 1079 nach Lucca richtete: Zuerst verbot er denjenigen Kanonikern der Domkirche, die ihre Pfründe mit Geld erworben hätten, den Zutritt zu der Kathedrale, dann gebot er allen Kanonikern ein Gemeinschaftsleben mit Verzicht auf Einzelpfründen, um schließlich «Klerus und Volk» von Lucca anzuweisen, die wegen ihres Ungehorsams exkommunizierten Domherren ganz aus der Stadt zu entfernen. Selbst die Mönche von Montecassino mußten erleben, daß ihnen der Papst jeden weiteren Gottesdienst im Kloster untersagte, nachdem der Normannenfürst von Capua dort eingedrungen war und eine größere Geldsumme geraubt hatte, was Gregor auf Nachlässigkeit und Ängstlichkeit der Mönche zurückführte. Allerdings scheint er die Sanktion sehr rasch wiederaufgehoben zu haben.

«Ermattet vom Ringen mit verschiedenen Völkern und vom Nachdenken über so viele Angelegenheiten» schrieb er im Mai 1078 dem vertrauten Abt Hugo von Cluny, den Psalmisten zitierend: «Entsprechend der Menge der Schmerzen in meinem Herzen erfreuen, Herr, Deine Tröstungen meine Seele», um dann doch hinzuzufügen, dieses Leben sei ihm häufig zum Ekel und der leibliche Tod eine Sehnsucht; seine Zuflucht nehme er zu dem anderen Psalmwort: «Zur Verwunderung bin ich vielen geworden, doch Du bist mein starker Helfer».

## 8. Das Jahr der Entscheidungen

Das Jahr 1080 verlief kaum weniger dramatisch als 1076/77 und sollte für Gregor die entscheidende Wende zum Schlechteren bringen. Am Beginn stand sein Entschluß, nicht länger auf eine Verständigung mit Heinrich IV. bedacht zu sein, was sich gewiß aus dem Lauf der Dinge seit Canossa ableiten ließ und von vielen seiner Anhänger herbeigesehnt wurde, zu diesem späten Zeitpunkt aber doch die Frage nach der konkreten Veranlassung aufwirft. Daß sich König Rudolf bei einem neuen Gefecht beider Heere nahe dem thüringischen Flarchheim am 27. Januar zumindest behauptet und den salischen Gegner zur Umkehr nach Bayern genötigt hatte, könnte Gregor zu einer gewandelten Einschätzung der Kräfteverhältnisse in Deutschland gebracht haben, aber vielleicht hat Bonizo von Sutri († um 1095), sonst kein sonderlich zuverlässiger Gewährsmann, eher recht, der als einziger mitteilt, Heinrich habe seinerseits die Geduld verloren und die zur römischen Fastensynode Anfang März 1080 entsandten Bischöfe Liemar von Bremen und Rupert von Bamberg (1075–1102) mit der Erklärung beauftragt, ihr König werde dem Papst gehorsam sein, wenn dieser Rudolf «ohne Urteil (*absque iudicio*)», also unverzüglich und ohne schiedsgerichtliche Untersuchung, mit dem Bann belege; andernfalls werde er sich einen Papst verschaffen, der seinem Willen gemäß handeln würde. Wenn es diese «hochmütige und unerhörte Botschaft» nicht nur in ihrem ersten, sondern auch ihrem zweiten Teil gegeben hat, konnte sie Gregor kaum anders denn als ultimative Drohung verstehen, die den vier Jahre zuvor von Worms ausgegangenen fundamentalen Angriff auf sein Papsttum erneuerte.

Jedenfalls zeigte der Papst ähnliche Entschlossenheit zur gezielten Gegenwehr wie 1076. Auf der offenbar gut besuchten Fastensynode ließ er das 1078 verhängte allgemeine Investiturverbot wiederholen und in der Weise zuspitzen, daß «Kaiser, Könige, Herzöge, Markgrafen, Grafen und sonstige Laien» der Exkommunikation verfallen sollten, wenn sie sich «die Investitur von Bistümern oder anderen kirchlichen Würden» anmaßten. Aber (noch immer) nicht wegen der laufenden Verstöße gegen diese Forderung vollzog Gregor den Bruch mit Heinrich, sondern zur Strafe für dessen «Hochmut, Ungehorsam und Falschheit», die ihn dazu verleitet hätten, trotz seiner beeideten Versprechungen das vom Papst gewünschte *colloquium* zur Klärung des deutschen Thronstreits immer wieder zu hintertreiben, nachdem er – wie Gregor es nunmehr darstellte – in Canossa bloß vom Bann gelöst, aber nicht wieder ins Königtum eingesetzt worden sei. Obgleich also der Papst vorgab, Heinrich schon seit Jahren nicht mehr als König zu betrachten, sprach er im Gebet an den Apostelfürsten Petrus und den Völkerapostel Paulus, die beiden Patrone der römischen Kirche, nicht allein die abermalige Exkommunikation Heinrichs aus (diesmal an erster Stelle), sondern verbot ihm auch wieder «das Königtum der Deutschen und Italiens», löste alle ihm geleisteten Eide und bat die himmlischen Mächte, ihm und seinem Anhang keinen Waffenerfolg mehr zu gewähren. Umgekehrt erkannte er Rudolf, «den sich die Deutschen zum König erwählt haben», «wegen seiner Demut, seines Gehorsams und seiner Aufrichtigkeit» als den rechtmäßigen Herrscher an, der das *regnum Teutonicum* (aber anscheinend nicht Italien) regieren und verteidigen solle, und sicherte obendrein denen, die ihm in Treue folgten, Nachlaß aller Sünden zu.

Trotz des Bemühens, die eindrückliche Szene vom Februar 1076 wiedererstehen zu lassen, sind doch Unterschiede unübersehbar. Die Absetzung wurde jetzt als die logische Konsequenz der Exkommunikation dargestellt und noch fühlbarer dadurch zum Ausdruck gebracht, daß im selben Atemzug die Approbation des Gegenkönigs erfolgte. Anders als 1076 sollte der Salier eben nicht durch Suspension und Bann zum Nachgeben, zum Canossagang, gedrängt, sondern unwiderruflich um seine vermeintlich gottgegebene Königswürde gebracht werden. Der grundsätzlichen Tragweite seines 1076 eher spontan erhobenen

Sanktionsanspruchs war sich Gregor nach vier Jahren voll bewußt, wenn er gegen Ende des (in das Registerbuch eingetragenen, aber auch sonst verbreiteten) Gebets die hll. Petrus und Paulus anflehte, so zu handeln, «daß die ganze Welt einsieht und wahrnimmt, daß Ihr, wenn Ihr im Himmel binden und lösen könnt, auch auf Erden Kaisertümer, Königtümer, Fürsten- und Herzogtümer, Markgrafschaften, Grafschaften und die Besitzungen aller Menschen einem jeden nach Verdienst nehmen und geben könnt. Denn Ihr habt Patriarchate, Primate, Erzbistümer und Bistümer häufig schon schlechten und unwürdigen Inhabern entzogen und frommen Männern übertragen. Wenn Ihr aber über Geistliches richtet, was muß man dann glauben, das Ihr über Weltliches vermögt? Und wenn Ihr über die Engel richten werdet, die allen stolzen Fürsten gebieten, was ist Euch dann bei deren Dienern möglich? Lernen sollen die Könige und alle Fürsten dieser Welt, wie groß Ihr seid, was Ihr vermögt, und sie sollen sich fürchten, den Befehl Eurer» (d. h. der römischen) «Kirche gering zu achten. Und an dem genannten Heinrich vollstreckt so rasch Euer Gericht, daß alle wissen, daß er nicht durch Zufall, sondern durch Eure Macht zuschanden wird.»

Der Anspruch auf unbeschränkte Verfügungsmacht über alle irdischen Würden und Reichtümer hat die Zeitgenossen am wenigsten unter allen Postulaten Gregors überzeugt. Im sofort nach dem zweiten Bann über Heinrich IV. aufbrandenden Meinungsstreit haben gegnerische Publizisten wie Wenrich von Trier schon 1080 lebhaft bestritten, daß der Papst berechtigt gewesen sei, den König als den «Gesalbten des Herrn» wie einen ungetreuen Gutsverwalter davonzujagen, doch auch der eifernde Gregorianer Manegold von Lauterbach, der ihm bald darauf widersprach, sah die Befugnis zur Absetzung eines entarteten Herrschers eher bei dem betreffenden Volk bzw. dessen Adel und rechtfertigte so die Forchheimer Wahl des Gegenkönigs Rudolf, die nicht wirklich im Sinne Gregors gewesen war. Doch dieser fühlte sich 1080 so siegessicher in seinem Gottvertrauen und in Erinnerung an die Breitenwirkung, die er 1076 erzielt hatte, daß er am Ostermontag (13. April) vom Petrusgrab aus seinen Bannfluch erneuerte und vor vielen Zeugen mit der Prophezeiung verband, schon bis zum 1. August, dem Fest Petri Kettenfeier, werde Heinrich entweder tot oder vollends entmachtet sein, und wenn dies nicht eintrete, wolle er nicht länger als der Papst gelten.

Er sollte sich gründlich täuschen. Der zweite Bann und die definitive Absetzung des Saliers waren in Deutschland seit langem von den einen erhofft und von den anderen befürchtet worden, hatten weder einen so evidenten Anlaß noch einen gleichen Sensationswert wie Gregors Strafmaßnahmen von 1076 und waren daher kaum geeignet, in die erstarrten Fronten neue Bewegung zu bringen. Während der Papst vergeblich auf Nachrichten über einen Zusammenbruch von Heinrichs Machtstellung wartete, wußte dieser die eigenen Reihen zu schließen, indem er nach einer vorbereitenden Besprechung einiger Bischöfe schon an Ostern in Bamberg zum Pfingstfest (31. Mai) eine Mehrheit von 19 Mitgliedern des Reichsepiskopats mit weiteren Laienfürsten in Mainz um sich versammelte (freilich in Abwesenheit des nach Sachsen geflohenen Ortsbischofs Siegfried). Sie stärkten ihrem gebannten König den Rücken und kündigten ihrerseits Gregor als dem «Urheber allen Streits», Schuldigen an der «Verwirrung des Reiches» und «Schande für die Kirche» die Anerkennung auf. Ihr Beschluß, ein Würdigerer solle auf den Apostolischen Stuhl erwählt werden, «der das Zerstreute sammle, das Zerbrochene heile und nicht Streit, nicht Krieg, sondern Frieden in der heiligen Kirche als guter Hirt anstrebe», zeigt, wie der Gedanke an ein Gegenpapsttum Gestalt anzunehmen begann. Um ihn realisieren zu können, war ein Schulterschluß mit den resoluten Gegnern Gregors VII. südlich der Alpen, zumal in der Lombardei, geboten, denen man von Mainz aus signalisierte, sie keinesfalls wie 1076/77 in ihrem Widerstand allein lassen zu wollen. Ein neues Canossa sollte es auch von Heinrichs Seite aus nicht geben.

Es vergingen kaum vier Wochen, bis am 25. Juni in Brixen, der südlichsten Bischofsstadt der bayerischen Kirchenprovinz dicht vor der Grenze zu Italien, in Gegenwart Heinrichs IV. 30 Bischöfe aus Italien und Deutschland samt dem von Gregor längst abgefallenen Kardinal Hugo Candidus zu einer Synode zusammentraten, die sich die Aufgabe zumaß, «das Urteil des göttlichen Gerichts» über den «*pseudomonachus* Hildebrand» zu fällen, bevor die königliche Gewalt ihr «weltliches Schwert» gegen ihn erhebe. Zu lesen stand dies in einem von allen Beteiligten unterzeichneten Dekret, das Gregor vorhielt, aus bedenkenloser Ruhmsucht mit simonistischen Mitteln, gar mit Mordtaten und offener Gewalt sich den Weg auf den Papststuhl gebahnt, dabei eidbrüchig das Papstwahldekret von 1059 mit seinem Vorbehalt zugunsten des römischen Königs mißachtet und sich dadurch als Apostat erwiesen, schließlich als Papst die Ordnung von Kirche und Reich umgestürzt, überall Zwietracht gesät und einen meineidigen Verräter als König bestätigt zu haben. Daraus folge, daß er im Einklang mit der Auffassung schon der Mainzer Bischofsversammlung «nach kanonischem Recht abzusetzen und zu vertreiben ist und auf ewig verdammt sein soll, wenn er nicht auf diese Kunde hin von seinem Sitz herabsteigt». Das ließ wie früher in Worms den juristisch saubereren Weg der Autodeposition nochmals offen, kündigte aber im erwarteten Fall einer Weigerung Gregors bereits die definitive Absetzung und zu deren Erzwingung ein militärisches Vorgehen Heinrichs an. Über die Person des durchzusetzenden besseren Papstes verlautete in dem Dekret nichts, offenbar weil sich die Synode zu einer solchen Entscheidung nicht befugt fühlte, nachdem sie gerade auf dem Papstwahldekret insistiert hatte. Anwesend war mit Hugo nur ein einziger Kardinal, der zwar bei seiner Unterschrift unter das Dekret beanspruchte, «in Vertretung aller römischen Kardinäle» zu handeln, doch dürfte eher der König und künftige Kaiser – nach Abwägung unter verschiedenen (italienischen) Kandidaten – den Ausschlag für den seit 1078 exkommunizierten und abgesetzten Erzbischof Wibert von Ravenna, seinen früheren Kanzler, gegeben haben. Von dessen Nominierung zeugt eine am 26. Juni ausgefertigte Bestätigungsurkunde Heinrichs für die Ravennater Kirche, worin Wibert als «erwählter *apostolicus summae sedis*» figuriert, doch hat Wibert selbst sich bis 1084 nie so bezeichnet und auch noch keinen Papstnamen angenommen.

Gregor dürfte mit Sorge und bald mit Schrecken bemerkt haben, daß die vorausgesagten Wirkungen seiner erneuten Bannung Heinrichs IV. ausblieben. König Rudolf gewann keinen zusätzlichen Anhang, blieb auf das mittlere und östliche Sachsen beschränkt und besaß weiterhin die Unterstützung der süddeutschen Herzöge, die indes nur einen Teil ihrer Großen hinter sich hatten, wohingegen der Salier im ganzen Westen des Reiches, in Rhein- und Mainfranken und vielerorts auch im Süden anerkannt war und dazu die Mehrheit der Bischöfe auf seiner Seite wußte. Er war es, der die Konfrontation energisch vorantrieb, nicht mehr nur mit dem Thronrivalen, sondern nun auch in der unverhohlenen Absicht, Gregor aus dem päpstlichen Amt zu drängen. Um sich gegen drohende Gefahren zu wappnen, lag es für diesen wie schon 1076 nahe, das Bündnis mit den schlagkräftigen, aber kaum bezähmbaren Normannen zu reaktivieren. Zwar waren sie soeben noch auf der Fastensynode (wiederum ohne Bezeichnung einzelner Anführer) wegen ungehemmten Vordringens im Mezzogiorno mit dem erneuten Bann bedroht worden, wobei der Papst immerhin die Möglichkeit eingeräumt hatte, daß es im Einzelfall auch gerechte Gründe für solche Vorstöße geben könne, doch bald schon erforderte die gewandelte Gesamtlage ein viel sichtbareres Entgegenkommen. Durch Vermittlung des Abtes Desiderius von Montecassino konnte Gregor auf einer Reise in den Süden am 10. Juni im Grenzort Ceprano den Lehnseid des neuen Fürsten Jordan von Capua (1078–1090) entgegennehmen und am 29. Juni mit Herzog Robert Guiscard zusammentreffen, der zuvor vom jahrelangen Bann gelöst worden war und nun die von Gregor seit Beginn seines Papsttums vorenthaltene Belehnung empfing. Der im Register überlieferte Vasalleneid beruhte auf den von Hildebrand 1059 ausgehandelten Vereinbarungen zum Schutz der römischen Kirche, beließ jedoch den Normannen ausdrücklich auch die seither eroberten Gebiete (Mark Fermo, Salerno und Amalfi) und machte allenfalls die Belehnung durch künftige Päpste von der Vermeidung weiterer Vertragsverstöße abhängig. In der Hoffnung auf den dringend benötigten Beistand überreichte Gregor das Petrusbanner mit der gequälten Erklärung, daß er Roberts Eroberungen als unrecht betrachte, aber «im Vertrauen auf den allmächtigen Gott geduldig hinnehme (*patienter sustineo*)».

Das geschah vier Tage nach der Synode von Brixen, die das Gegenpapsttum klar in Aussicht gestellt hatte. Als Gregor davon erfuhr, richtete er am 21. Juli einen Brief an die Bischöfe Süditaliens und sprach von einer «Versammlung des Satans», deren «Haupt und Urheber» König Heinrich gewesen sei und deren bischöfliche Teilnehmer aus Verzweiflung darüber gehandelt hätten, daß er ihnen keine Verzeihung ihrer Vergehen ohne förmliches Gerichtsverfahren habe gewähren wollen. Speziell den längst exkommunizierten Wibert bezeichnete Gregor als «Zerstörer der Ravennater Kirche», als «Antichrist und Häresiarchen», den er indes «dank der Barmherzigkeit Gottes» ebenso rasch zu Fall bringen werde wie Petrus (laut Apostelgeschichte) den Magier Simon, das Urbild der frevelhaften Simonisten. Seine Zuversicht leitete er im übrigen aus der Erfahrung des Sieges über den 1061 gegen Alexander II. erhobenen Gegenpapst Cadalus/Honorius (II.) wie auch der gescheiterten «Konspiration» der lombardischen Bischöfe gegen ihn selbst «vor drei Jahren» ab, wobei sich jeweils erwiesen habe, «welche Macht die Autorität des hl. Petrus besitzt». Wie er diese zur Geltung zu bringen suchte, verrät ein undatiertes, im Register gleich danach eingetragenes Rundschreiben «an alle Brüder und Mitbischöfe, die die christliche Religion verteidigen, und die übrigen dem hl. Petrus treuen Kleriker und Laien». Darin kündigte der Papst an, nach dem 1. September die Kirche von Ravenna «den Händen der Gottlosen zu entreißen», indem er selbst an der Spitze eines Heeres dorthin zöge. Feste Zusagen für Unterstützung habe er nicht nur von Fürsten aus der Umgebung Roms und aus Tuszien, sondern vor allem gemäß den Absprachen mit Robert Guiscard und den übrigen Normannenführern, die sich eidlich zur «Verteidigung der heiligen römischen Kirche» verpflichtet hätten.

Daß die erhoffte Waffenhilfe auf ganzer Linie ausblieb und somit der Feldzug gegen Wibert gar nicht zustande kam, muß Gregor schwer getroffen haben. Man meint, ein Nachlassen seiner Selbstgewißheit zu spüren, wenn er am 22. September den Getreuen in Deutschland schrieb, da alles auf Erden einen Grund habe, könne es nur an «unseren Sünden» liegen, «wenn die heilige Kirche so lange von heftigsten Stürmen erschüttert wird und immer noch die Wut tyrannischer Verfolgung erleidet». Er rief dazu auf, «die Tugend der Geduld» zu üben und «die Hoffnung auf die himmlische Barmherzigkeit» nicht aufzugeben; durch Buße und gebesserte Lebensführung werde es gelingen, mit Gottes Hilfe «Frieden und Sicherheit» für die Kirche wiederherzustellen. Schon drei Wochen später fühlte sich der Papst stark genug, um in einem Schreiben an Klerus und Volk von Ravenna, nun ohne alle militärische Gewalt, den Appell zu richten, sich von Wibert, der ihre Kirche in den Ruin gestürzt habe und nun über die römische herzufallen drohe, loszusagen und an seiner Statt einen neuen, gottgefälligen Erzbischof zu wählen. Als dies ohne jedes Echo blieb, weil Wibert in Ravenna einen breiten Rückhalt und eine starke ökonomische Position hatte, verlegte sich Gregor darauf, von sich aus einen Nachfolger Wiberts zu bestimmen und mit Schreiben vom 11. Dezember den geistlichen und weltlichen Großen der Umgebung aufzutragen, diesem beim Eindringen in die Stadt behilflich zu sein. Da von dem Vorhaben in keiner weiteren Quelle mehr die Rede ist, dürfte es schon im Ansatz gescheitert sein.

Ebensowenig wie Gregors Erwartung in Erfüllung ging, Wibert, den angekündigten Gegenpapst, auf Anhieb aus dem Weg räumen zu können, traf seine hochgemute Voraussage ein, König Heinrich werde nach Bann und Absetzung binnen kurzem sein Leben oder seine Herrschaft einbüßen. Der Salier war von Brixen aus über die Alpen heimgekehrt und hatte sich im August in Mainz nochmals der Zustimmung seines Anhangs im Reich versichert, zumal auch im eigenen Lager vereinzelte kritische Stimmen zu seinem Vorgehen gegen Gregor laut wurden. Bevor er daran denken konnte, durch einen Romzug den Wechsel auf dem Stuhl Petri zu erzwingen, zugleich den Bann abstreifen zu können und endlich Kaiser zu werden, mußte er sich einen freien Rücken in Deutschland verschaffen, also zunächst den von Gregor anerkannten König Rudolf bezwingen. Nicht zum ersten Mal rückte er im Herbst mit einem Heer nach Sachsen vor, doch anders als in den Vorjahren hegte er offenbar das Bewußtsein, diesmal vor dem entscheidenden Kampf zu stehen. Bevor er sich am 15. Oktober unweit der Weißen Elster auf die Schlacht einließ, beurkundete er tags zuvor eine außerordentliche Schenkung an die Domkirche von Speyer, um sich den Beistand der Gottesmutter zu sichern. Dennoch behielten die Sachsen im Kampf die Oberhand und hätten als Sieger die Walstatt verlassen, wenn nicht ihrem König Rudolf im Getümmel die rechte Hand abgeschlagen worden wäre, woran er am folgenden Tag verblutete. Daß ihm ausgerechnet jene Hand zum Verhängnis wurde, mit der er einst seinem Widersacher die Treue geschworen hatte, ist von Heinrichs Anhängern als Gottesurteil über das Gegenkönigtum verstanden worden und war jedenfalls geeignet, die Sachsen und alle deutschen Gregorianer erst recht zu entmutigen.

Als Gregor die Nachricht von Rudolfs Tod erhielt, wußte er bereits von der schweren Niederlage, die fast gleichzeitig Truppen der Markgräfin Mathilde in der Gegend von Mantua durch ein Heer seiner lombardischen Feinde erlitten hatten, während er selbst sich ohne Aussicht auf Erfolg bemühte, von Rom aus die Absetzung Wiberts in Ravenna zu betreiben. «Die Widersacher des Kreuzes Christi ... suchen sich gegen uns zu erheben und, geschlagen mit der Blindheit ihres Wahnsinns, gegen ihr eigenes Heil die heilige Kirche mit Füßen zu treten», schrieb der Papst am Ende eines Jahres, das den Antagonismus von geistlicher und weltlicher Gewalt zu einer militärischen Machtfrage hatte werden lassen.

## 9. Kampf um Rom

Die bedenkliche Zuspitzung des Zerwürfnisses mit Heinrich IV. und die Serie der Rückschläge, die Gregor in dieser Konfrontation hinnehmen mußte, haben den Papst auch 1080 und danach nicht gehindert, ihm vielmehr vermutlich sogar nahegelegt, an seinen Verbindungen zu den anderen Reichen der lateinischen Welt festzuhalten und sich überall, solange es ging, für die Kirchenreform nach seinen Maßstäben einzuschalten. Der päpstliche Briefverkehr mit Königen erreichte gerade 1080 einen neuen Höhepunkt, wobei es nirgends um die Gewinnung politischer Bündnispartner ging, aber doch im Vergleich zu früher auffällt, daß Streitfragen eher abgemildert und Sanktionen tunlichst vermieden wurden. Als Hauptfeind war der Salier inzwischen konkurrenzlos.

In Frankreich etwa «besserte» sich König Philipp in den Augen des Papstes nicht im geringsten, fand aber kaum noch dessen Beachtung und verhielt sich still, während der Legat Hugo von Die seinen Kampf mit dem widerspenstigen Episkopat Anfang 1080 durch die förmliche Absetzung des Metropoliten Manasse von Reims (1069/70–1080) auf die Spitze trieb. Als der König erst im nachhinein von Gregor aufgefordert wurde, Manasses Sturz hinzunehmen, war er dazu bereit, doch mußte der Legat dulden, daß Philipp die Regelung der Nachfolge selbst in die Hand nahm. Auch das straffe Kirchenregiment Wilhelms des Eroberers in England und in der Normandie konnte kaum nach Gregors Geschmack sein, veranlaßte ihn aber in einem langen Pastoralschreiben 1080 lediglich zu der subtilen Mahnung, Wilhelm solle durch (künftigen) Gehorsam zum Vorbild für alle christlichen Herrscher werden, um in der ewigen Seligkeit als «Fürst der Fürsten» gelten zu können. 1081 befahl der Papst seinen Legaten die Rücknahme von Strafen gegen normannische Prälaten mit der Begründung, zwar verhalte sich der englische König in manchen Dingen nicht so, wie es zu wünschen sei, doch da er sich zumindest keine ganz schweren Verfehlungen zuschulden kommen lasse, sei es nicht unangemessen, seine Macht milder zu behandeln und mit Rücksicht auf seine Rechtschaffenheit (*probitas*) Nachlässigkeiten seiner Untertanen und Freunde wenigstens teilweise hinzunehmen. Eine kritische Situation ergab sich zur selben Zeit in Spanien, als Gregor seinen Legaten durch König Alfons VI. von León und Kastilien (1072–1109) unangemessen behandelt glaubte, von den Umtrieben eines entlaufenen Mönchs aus Cluny in dessen Reich hörte und dem König obendrein eine unkanonische Ehe zum Vorwurf machte. Er drohte ihm, «das Schwert des hl. Petrus» zu zücken, und schrieb gar in einem Begleitbrief an Abt Hugo von Cluny, notfalls werde er sich nicht scheuen, selbst nach Spanien zu kommen, um gegen Alfons mit aller Härte einzuschreiten. Doch nichts dergleichen geschah; vielmehr ging dem König ein Jahr später ein versöhnlich gehaltenes Papstschreiben zu, worin er für die Einführung der römischen Liturgie belobigt wurde. Weitere Briefe eher seelsorglichen Inhalts, mit denen sich Gregor als oberster Hirt der Christenheit zur Geltung brachte, empfingen 1080/81 die Könige von Dänemark und von Schweden sowie die Königin von Ungarn.

Was das Reich der Deutschen betraf, war der Papst nicht gesonnen, sich mit Rudolfs Scheitern abzufinden. Auf der Fastensynode von 1081 bekräftigte er den Bann über den Salier und ließ danach seine Legaten in Deutschland wissen, trotz vieler Stimmen in seiner Umgebung, die ihm zum Frieden mit Heinrich (also einem zweiten Canossa?) rieten, sollten sie nach einem neuen Gegenkönig Ausschau halten, für den er einen Treueid gegenüber der römischen Kirche gleich im Wortlaut mitlieferte. Der moralischen Festigung und argumentativen Ermunterung seiner verbliebenen Anhänger nördlich der Alpen diente zumal der auf den 15. März 1081 datierte zweite Brief Gregors an den Bischof Hermann von Metz, der längste des ganzen Registers, der als grundsätzliche Äußerung (anders als der Dictatus papae von 1075) weite Verbreitung fand und den Charakter einer mit reichlichen Zitaten gespickten Streitschrift annahm. Um zu beweisen, daß er berechtigt gewesen sei, Heinrich, «den Verächter des christlichen Gesetzes, den Zerstörer der Kirchen und des Reiches, Urheber und Anhänger der Häretiker», aus der Gemeinschaft der Gläubigen auszuschließen, bot der Papst das ganze Arsenal des hierarchischen Denkens und der primatialen Tradition auf, wonach das geweihte Priestertum, gipfelnd im Nachfolger Petri, turmhoch über alle ungeweihten Laien einschließlich der Könige erhaben sei, und er glaubte nun auch mehrere historische Präzedenzfälle anführen zu können, in denen frühere Päpste das Recht zur Benennung und Absetzung von Herrschern wie auch zur Lösung der ihnen geleisteten Eide in Anspruch genommen hätten. Im polemischen Eifer gegen die Überheblichkeit der weltlichen Gebieter ließ sich Gregor zu globalen Urteilen hinreißen, die sich über bis dahin unumstößliche Wertvorstellungen der mittelalterlichen Welt hinwegsetzten: «Wer wüßte nicht, daß Könige und Fürsten von jenen ihren Ursprung genommen haben, die von Gott nichts wußten, sondern mit Hochmut, Raub, Treulosigkeit und Mord, kurz: mit Verbrechen jeder Art, auf Betreiben des Fürsten dieser Welt, eben des Teufels, über ihresgleichen, also Menschen, in blinder Gier und unerträglicher Anmaßung sich zu erheben trachteten? Diese mithin, wenn sie die Priester des Herrn zu beugen streben, mit wem können sie dann besser verglichen werden als mit dem, der das Haupt ist von allen Söhnen des Übermuts? Der den höchsten Priester selbst, das Haupt der Bischöfe, den Sohn des Allerhöchsten» (d.h. Christus), «versuchte und, indem er ihm alle Reiche der Welt anbot, sagte: Das alles will ich Dir geben, wenn Du niederfällst und mich anbetest.» Wie sehr diese drastische Zurückführung der irdischen Herrscherrolle auf Heidentum und Teufelswerk im Dienst einer Überhöhung des Priestertums stand, zeigt die an anderer Stelle des Briefes formulierte Antithese, daß kaum sieben heilige Kaiser und Könige aus allen Jahrhunderten bekannt seien, während allein die römische Kirche schon fast hundert Bischöfe gehabt habe, die unter die Heiligen gerechnet würden.

Eine solche Sicht der göttlichen Weltordnung war zwar angebahnt in manchen ärgerlichen Äußerungen, die Gregor auch früher schon über unbotmäßige Fürsten entfahren waren, ist in dieser radikalen Zuspitzung aber keineswegs von Anfang an Leitlinie seines päpstlichen Handelns gewesen, sondern erst aus den zunehmend negativen Erfahrungen seit Worms und Canossa erwachsen. Daß sie publik gemacht, ja geradezu herausposaunt wurde in dem Augenblick, da Heinrich IV. sich anschickte, als Gregors Gegner die Alpen zu überschreiten, gibt die elementare Herausforderung zu erkennen, der sich der Papst fortan ausgesetzt sah, und bezeichnet den Wendepunkt, von dem an alles frühere Ringen um die einzelnen Postulate der päpstlichen Kirchenreform vollends in den Schatten gestellt wurde durch den Überlebenskampf gegen den «Antichrist» und «Tyrannen». Zugleich lassen die ebenso stolzen wie schrillen Sätze des Schreibens an Hermann von Metz erahnen, welche Diskrepanz zwischen Doktrin und Realität Gregor in den verbleibenden vier Jahren empfunden haben muß.

Fürs erste gab er sich freilich im erwähnten Brief an seine Legaten in Deutschland recht unbesorgt über Heinrichs Aufmarsch, da er «dessen Hochmut gering achte». Stärker fürchtete er für Besitz und Macht der Markgräfin Mathilde in Oberitalien und erteilte deshalb seinen Beauftragten, Bischof Altmann von Passau und Abt Wilhelm von Hirsau († 1091), die Weisung, Herzog Welf von Bayern an sein Treueversprechen gegenüber dem hl. Petrus zu erinnern und zum bewaffneten Eingreifen zu bewegen, wozu es jedoch nicht kam. Selber setzte der Papst mehr auf den Beistand der Normannen, obgleich er ja bereits im Vorjahr bei der Planung des Vorstoßes gegen Ravenna von Robert Guiscard, seinem Lehnsmann, im Stich gelassen worden war und dies hatte straflos hinnehmen müssen. Deutlich äußerte er daher zunächst seine Unzufriedenheit über die bislang ausgebliebenen «Vorteile» für die römische Kirche, die er sich eigentlich von der Einigung mit Robert in Ceprano versprochen hatte, bevor er früh im Jahr 1081 abermals Abt Desiderius von Montecassino einschaltete, um bei dem Normannenherzog erkunden zu lassen, ob dieser oder wenigstens einer seiner Söhne bereit wäre, dem Papst bei einer nach Ostern geplanten «notwendigen Expedition» militärische Hilfe zu leisten, oder, falls dies nicht gelinge, wie viele Kämpfer er für die *militia sancti Petri* abstellen könne. Der Verhandlungsauftrag, in dem kein konkreter Feind bezeichnet wurde, war deshalb so verklausuliert, weil Gregor sicherlich wußte, daß Robert Guiscard seit Monaten mit der Vorbereitung eines Feldzugs im heutigen Albanien beschäftigt war, der sich gegen das Byzantinische Reich richten sollte. Von diesem Vorhaben ließ sich der Normanne auch nicht mehr durch das Eintreffen Heinrichs IV. in Italien abbringen, der an Ostern (4. April) in Verona Hof hielt und bald zu Wibert nach Ravenna weiterzog. Robert Guiscard scheint mit ihm sogar in näheren Kontakt getreten zu sein, denn aus einem höchst besorgten weiteren Brief Gregors an Desiderius etwa vom Mai 1081 ergibt sich, daß der Papst von der Markgräfin Mathilde mit der Nachricht alarmiert worden war, es werde eine Heirat von Heinrichs siebenjährigem Sohn Konrad mit einer Tochter Robert Guiscards verabredet. Das Ehebündnis, das den Papst in größte Verlegenheit versetzt hätte, kam nicht zustande, doch der Normanne entzog sich auch allen Verpflichtungen gegenüber Gregor, indem er um den 20. Mai mit seiner Streitmacht die Adria überquerte, gerade als König Heinrich vor den Mauern Roms erschien.

Der gebannte und abgesetzte Salier war nach vergeblichen Ausgleichsverhandlungen mit den Sachsen, die sich durchaus nicht geschlagen geben wollten, mit einem relativ kleinen Heer über die Alpen gekommen in der (wohl nur teilweise berechtigten) Erwartung, daß ihm in Italien starke weitere Kräfte zuströmen würden. Anscheinend rechnete er damit, sich rechtzeitig zu Pfingsten (23. Mai) Zugang zur Ewigen Stadt verschaffen zu können, um an dem Hochfest dort die Kaiserkrone zu erlangen. Als ihm kein Empfangsgeleit entgegenzog, richtete er einen überlieferten Aufruf an «Klerus und Volk» von Rom, worin er an seinen allseits verehrten Vater Heinrich III. erinnerte und den Anspruch auf «die uns zustehende und erbliche Würde» des Kaisertums reklamierte, die er nach Überwindung seiner «wildesten Feinde» nun unter allgemeiner Zustimmung entgegenzunehmen gekommen sei. Er beteuerte seine vollkommen friedlichen Absichten, wandte sich gegen den Vorwurf, «die Ehre des hl. Petrus herabmindern und Euer aller *res publica* umstürzen» zu wollen, während er doch gekommen sei, um «die langwährende Zwietracht zwischen *regnum* und *sacerdotium*» aus der Welt zu schaffen. Über Wibert, der sich seit Ravenna in seinem Gefolge befand, verlor der Salier kein Wort, weshalb zumindest denkbar bleibt, er hätte sich vorgestellt, Gregor durch seine physische Anwesenheit irgendwie überrumpeln und zum Einlenken bewegen zu können. Das indes wäre eine Illusion gewesen, denn die Römer schlossen die Stadttore, standen ihrem Papst einstweilen treu zur Seite und zwangen den König der Deutschen, die Pfingstfeier in seiner Zeltstadt fuori le mura zu begehen. Da Heinrichs Kräfte kaum für eine längere Belagerung oder gar eine Erstürmung der Stadt gerüstet waren, entschloß er sich nach etwa sechs Wochen, vor dem Beginn der gefürchteten Sommerhitze das Unternehmen abzubrechen und nordwärts nach Tuszien, später in die Emilia zu ziehen, wo er während der folgenden Monate ungeachtet des Banns Herrschaft ausübte und Mathilde ihre sämtlichen Lehen und Güter aberkannte.

Gregor hatte somit einen ersten Ansturm dank den Römern ohne fremde Hilfe gemeistert, aber doch kaum die Gefahr gebannt, denn Heinrich verblieb bedrohlich in Italien und ließ sich von seiner Fixierung auf Rom und das Kaisertum auch nicht dadurch ablenken, daß im August eine Verständigung seiner deutschen Widersacher auf einen neuen Gegenkönig, den lothringischen Grafen Hermann von Salm († 1088), zustande kam. Er wurde erst an Weihnachten in Goslar von Erzbischof Siegfried von Mainz gekrönt und blieb trotz ein paar Anfangserfolgen mehr noch als sein Vorgänger Rudolf auf Sachsen beschränkt, von wo aus er mit Gregor nicht erkennbar in Verbindung getreten ist. Der Papst, der einen neuen Angriff Heinrichs zu gewärtigen hatte, rang sich gegen Ende 1081 zu einem nochmaligen Appell an Robert Guiscard durch, der gerade am 18. Oktober dem neuen griechischen Kaiser Alexios I. (1081–1118) vor Dyrrachion (Durrës) eine blutige Niederlage beigebracht hatte. Gregor redete seinen ungetreuen Vasallen als «glorreicher Herzog» an, warnte ihn vor Undankbarkeit gegenüber dem hl. Petrus, dessen «Gunst und Hilfe» seine Siege erst ermöglicht hätten, und mahnte ihn, durch aktiven Gehorsam sich den Apostel zum Schuldner zu machen, womit gemeint war, er solle seine Zusicherungen an die römische Kirche einlösen, die angesichts der *perturbatio* durch «den sogenannten König (*dictum regem*) Heinrich» dringend seine Hilfe benötige. Der Normanne, der vermutlich ein labiles Gleichgewicht zwischen dem salischen König und dem Papst in Italien dem völligen Sieg eines der beiden Kontrahenten vorzog, ließ sich auch diesmal nicht erweichen, zumal er nach seiner Rückkehr vom Balkan im Frühjahr 1082 einen Aufstand in Bari und anderen apulischen Städten niederzuschlagen hatte.

Beim zweiten Vorstoß auf Rom suchte Heinrich planvoller vorzugehen. Er erschien, begleitet von Wibert, bereits Ende Februar 1082 mit Heeresmacht vor den Mauern und ließ abermals ein Manifest an die Römer verkünden, das sich in Formulierungen des bewährten Kanzleinotars Gottschalk von Aachen speziell an die Kardinäle, den übrigen Klerus und die Laien unter seinen (bisherigen wie künftigen) Getreuen wandte und frontal gegen «Hildebrand» gerichtet war, der als Urheber allen Unheils hingestellt wurde. Er solle sich, forderte Heinrich in bemerkenswerter Umkehrung eines früher häufig geäußerten Postulats des Papstes ihm gegenüber, einer förmlichen Gerichtsverhandlung in Rom oder andernorts stellen und über seine Amtsführung Rechenschaft ablegen, wozu ihm freies Geleit zugesichert wurde. Bei einem günstigen Ausgang der Untersuchung werde er als Papst wieder anerkannt; andernfalls solle «nach Eurem und unserem Urteil» ein anderer zur Leitung der Kirche bestellt, also Wibert den Römern nicht einfach aufgenötigt werden. Ein unmittelbares Echo blieb aus, doch Heinrich ließ nicht locker im Bemühen, die gegnerische Front aufzuweichen. Zu Ostern vermochte er bei einem Treffen in Albano unweit von Rom den normannischen Fürsten Jordan von Capua zu einem Treueid zu bewegen und damit einen Verbündeten südlich von Rom zu gewinnen. Angebahnt hatte die Begegnung immerhin Desiderius von Montecassino, der sich zwar länger zierte, mit dem gebannten König in persönlichen Kontakt zu treten, schließlich aber doch bei ihm erschien und sogar Hilfe zur Erlangung der Kaiserkrone versprach. Auch Kardinalbischof Odo von Ostia (der spätere Papst Urban II.) hat damals kaum ohne Auftrag Gregors VII. mit Heinrich verhandelt, vielleicht um zu erkunden, ob der Salier zur Preisgabe des präsumtiven Gegenpapstes und zur Entgegennahme der Absolution durch Gregor bereit sei. Für einen beginnenden Autoritätsverfall des Papstes spricht, daß vom 4. Mai die Aufzeichnung über eine Versammlung römischer Kleriker, darunter elf Kardinälen, überliefert ist, die sich dagegen aussprachen, Kirchengut für den Kampf gegen Wibert, etwa zur Anwerbung von Söldnern, zu versetzen. Ein gangbarer Weg zum Frieden wurde indes nicht gefunden, weshalb Gregor am 24. Juni erneut den Bann über Heinrich, Wibert und deren Parteigänger verkündete und der König vor dem Hochsommer wieder nach Norden abzog, um dort Mathilde weiter in Bedrängnis zu bringen, während Wibert von Tivoli aus die Römer in Schach hielt. In einem undatierten Trostschreiben an alle «Getreuen des Apostolischen Stuhles» wohl aus der zweiten Jahreshälfte äußerte der Papst seine unveränderte Hoffnung, daß «alle Gottlosen zur Besinnung kommen» und «die heilige Kirche zu ihrer früheren Herrlichkeit zurückfinden» würden, sprach aber auch aus, daß «nur wenige von uns den Gottlosen bis aufs Blut widerstehen».

Noch düsterer entwickelte sich Gregors Lage im Jahre 1083. Zwar konnte er bei Robert Guiscard erreichen, daß dieser Jordan von Capua zur Aufgabe des Bündnisses mit Heinrich IV. nötigte und wenigstens mit Geldzahlungen den Durchhaltewillen der Römer stärkte, aber der Salier, der sich pünktlich zum Ende des Winters wieder vor der Stadt einfand, setzte dem wie im Vorjahr eine Kombination aus militärischem Druck und offensiver Diplomatie entgegen. Während sich Bischof Benno von Osnabrück in seinem Auftrag ohne Erfolg um einen Ausgleich mit Gregor bemühte, gelang Heinrichs Truppen am 3. Juni ein überraschender Einbruch in die befestigte Leostadt rechts des Tibers, wodurch ihnen mit den vatikanischen Hügel auch – und gewiß zu Gregors Entsetzen – das Petrusgrab in die Hände fiel. Zwar konnte sich der Pontifex in die schwer einnehmbare Engelsburg zurückziehen und behauptete auch das viel größere

Stadtareal der linken Tiberseite, doch auf seiten des römischen Stadtadels überwog fortan die Bereitschaft, die zermürbende Belagerung durch ein Abkommen mit Heinrich zu überwinden. Man vereinbarte für Mitte November eine Synode, auf der der zähe Streit entschieden werden sollte, wofür der König freies Geleit zusicherte. In einer zunächst geheimen Zusatzabsprache, die durch Geiseln abgesichert wurde, verpflichteten sich die Römer eidlich, bei Gregor die Kaiserkrönung Heinrichs zu erreichen oder im Falle seiner Weigerung einen anderen Papst in Absprache mit dem König zu erheben. Gregor wollte sich das Gesetz des Handelns nicht aus der Hand nehmen lassen und lud seinerseits zu der Synode «an einem sicheren Ort» ein, wo ans Licht gebracht werden sollte, «wer Grund und Urheber der zahlreichen Übel ist, die schon lange gegen die christliche Religion wüten», wo aber auch er sich bereit finden würde, «die Unschuld des Apostolischen Stuhls im Hinblick auf das, was ihm vorgeworfen wird und worüber einige Brüder im stillen murren, eindeutig zu erweisen», freilich unter der (kaum zu erwartenden) Voraussetzung, daß zuvor der römischen Kirche aller entfremdete Besitz zurückerstattet würde.

Heinrich hatte nach der Einnahme der Leostadt Wibert einen feierlichen Gottesdienst in der Peterskirche halten lassen, aber davon abgesehen, ihn regelrecht auf den Stuhl Petri zu befördern, was als Geste gegenüber dem Wahlrecht der Römer bzw. der Kardinäle, kaum noch als Hintertür für Gregor zu deuten ist. Bald jedoch erlitt der Salier wieder einen Rückschlag, als nach seinem Weggang von Rom zur Jahresmitte die von ihm zurückgelassene Besatzung durch eine Seuche großenteils dahingerafft wurde und Gregors Leute die errichteten Befestigungen einrissen. Daraufhin ging Heinrich dazu über, die Anreise der Teilnehmer an der Novembersynode massiv zu behindern und selber diese Versammlung zu boykottieren. So konnte der Papst im kleinen Kreis eingeschworener Anhänger, die um den 20. November im Lateran zusammenkamen, noch einmal eine lange Rede über die Schandtaten des Königs halten und anklagend darauf hinweisen, daß er seit über zwei Jahren päpstliche Synoden verhindert habe, drang aber mit seinem Wunsch nach einer erneuten ausdrücklichen Verurteilung nicht durch und mußte sich darauf beschränken, den Bann pauschal über alle zu verhängen, die anderen die Beteiligung an der Synode unmöglich gemacht hätten. Seine Unbeugsamkeit entfremdete Gregor mehr und mehr von den geplagten Römern, denen Heinrich bei seiner Rückkehr in die Leostadt zu Weihnachten die Einhaltung des beeideten Versprechens vom Sommer abverlangte. Gregors striktes Beharren darauf, daß Heinrichs Genugtuung für die mit der Exkommunikation geahndeten Verfehlungen seiner Kaiserkrönung vorausgehen müsse, weckte die Furcht vor neuen schlimmen Verheerungen und bewirkte Anfang 1084 einen breiten Stimmungsumschwung in der Stadt, der auch rund die Hälfte des Kardinalskollegs und etliche andere geistliche wie weltliche Würdenträger erfaßte, so daß Gregor den erforderlichen Rückhalt für weiteren Widerstand verlor und sich umgekehrt erstmals eine tragfähige Basis für einen anderen Papst abzeichnete. Aus dem Kreis der abtrünnigen Kardinäle ist nach Gregors Tod viel Herabsetzendes über ihn verbreitet worden wie etwa der Versuch eines Mordanschlags gegen Heinrich IV.

Schließlich konnte der in seiner eigenen Stadt isolierte Papst nicht mehr verhindern, daß eine Gesandtschaft «der Römer» zu Heinrich IV. reiste, der sich gerade auf einem vom byzantinischen Kaiser gewünschten (und finanzierten) Feldzug gegen Robert Guiscard in Apulien befand, und ihn zur Rückkehr nach Rom aufforderte, einen ehrenvollen Empfang in Aussicht stellte und allgemeinen Gehorsam versprach. Am 21. März gelang dem Salier, worum er sich drei Jahre lang vergeblich bemüht hatte: der unbehelligte Einzug in die Ewige Stadt, während der Papst in der Engelsburg Zuflucht suchen mußte. Sogleich mobilisierte Heinrich eine Synode, die Gregor vorlud, in der Petersbasilika zu erscheinen, und nach dreitägigem fruchtlosen Warten am 24. März, dem Palmsonntag, das Urteil fällte, er sei als Empörer gegen den rechtmäßigen König abzusetzen und zu exkommunizieren. An seiner Stelle wurde sogleich Wibert zum römischen Pontifex erwählt und inthronisiert, der sich den Papstnamen Clemens (III.) beilegte. Damit verwies er beziehungsvoll auf jenen von Kaiser Heinrich III. nominierten Clemens II., dessentwegen 28 Jahre zuvor der junge Hildebrand zusammen mit dem abgesetzten Gregor VI. aus Rom hatte weichen müssen. Eine Woche später, am Osterfest, erlebte die Welt «den Höhepunkt der Regierung Heinrichs» (Gerd Althoff), als der Gegenpapst ihn samt seiner Gemahlin Bertha wiederum in St. Peter zum Kaiser krönte, nur wenige hundert Meter von der Engelsburg entfernt, wo Gregor dies alles ohnmächtig mitansehen und mitanhören mußte. Wenn der neue Kaiser, wie berichtet wird, von seiner Krönung zum anschließenden Festmahl im Lateran geritten ist, hat er die Tiberbrücke direkt vor der Engelsburg benutzt.

## 10. Tod im Exil

Keine Quelle überliefert Gregors unmittelbare Reaktion auf den Triumph seiner ärgsten Feinde an heiligster Stätte. In höchster Not muß er gefürchtet haben, ihrem bewaffneten Anhang in die Hände zu fallen und wie vordem Gregor VI. als Gefangener über die Alpen verschleppt zu werden. Das ist ihm indes erspart geblieben, weil Heinrich seinen Sieg nur ein paar Wochen lang auskosten konnte, bis Robert Guiscard, der sich seit 1080 konsequent dem Papst verweigert hatte, nun doch, besorgt über die gesteigerte Kaisermacht, auf den Plan trat, um Gregor aus seiner mißlichen Lage zu befreien. Vor den anrückenden Normannen verließ Heinrich am 21. Mai 1084 die Stadt, um im Glanz seiner neuen Würde nach Deutschland zurückzukehren, während sich Wibert/Clemens im nahen Tivoli verschanzte. Wenige Tage darauf erzwang sich der Herzog mit einer starken Streitmacht den Einzug in Rom und geleitete tatsächlich den Papst aus der Engelsburg wieder in den Lateran, doch geriet seine (nie zuvor nach Rom gelangte) Truppe rasch außer Kontrolle. Es kam zu Plünderungen, Bränden und blutigen Exzessen, zur Verwüstung ganzer Stadtquartiere und zur Zerstörung von Kirchen, was heftigen Volkszorn gegen die Eindringlinge auslöste. Da sich die Wut bald auch gegen den schon seit längerem bei vielen Römern unbeliebt gewordenen Papst kehrte, dem die Übeltäter zu Hilfe geeilt waren, mußte Gregor einsehen, daß er sich ohne dauernden Schutz der Normannen nicht in der Stadt würde halten können, also gezwungen war, sich ihnen schweren Herzens anzuschließen, als sie im Laufe des Juni das geschundene Rom räumten.

Sein Weg führte über Montecassino und Benevent in die kampanische Hafenstadt Salerno südlich von Neapel, die seit 1077 unter normannischer Herrschaft stand, also zu jenen Eroberungen gehörte, deretwegen Gregor noch 1078 Robert Guiscard (zumindest implizit) exkommuniziert hatte. Hier fand er nun Aufnahme bei dem ihm längst bekannten Erzbischof Alfanus (1058–1085), einem engen Freund des Desiderius von Montecassino, dessen mit tätiger Hilfe des Herzogs errichteten Dombau der Papst bald nach seiner Ankunft eingeweiht hat. Während Robert Guiscard bereits im Oktober zu einem abermaligen Balkanfeldzug entschwand, bei dem er im folgenden Sommer auf der Insel Kephallonia den Tod fand, und Wibert/Clemens spätestens im November wieder im Lateran residierte, ließ Gregor auch in Salerno nicht davon ab, als Oberhirt der gesamten Kirche tätig sein zu wollen. Am Ort seines unfreiwilligen Exils brachte er etwa im Herbst 1084 noch einmal eine Synode zustande, deren Teilnehmerkreis nicht überliefert und als deren Inhalt allein bekannt ist, daß sie Gregor als Forum diente, um den Bannfluch über den Gegenpapst und dessen Kaiser samt allen Gefolgsleuten zu bekräftigen. In gewohnter Manier wurden Legaten ausgesandt, die Gregors Wort in den einzelnen Ländern Gehör verschaffen sollten: nach Frankreich und Deutschland die Kardinalbischöfe Petrus von Albano bzw. Odo von Ostia, nach Spanien der Abt Jarento von Saint-Bénigne in Dijon († 1113), die gemeinsam den Seeweg in die Provence nehmen mußten.

Im Gepäck hatten sie ein letztes, nicht mehr ins Registerbuch eingegangenes Rundschreiben «an alle Christgläubigen, die wahrhaft den Apostolischen Stuhl lieben», worin Auskunft gegeben wird über Gregors Lagebeurteilung am Ende seines stürmischen Pontifikats: «Wie wir glauben, teuerste Brüder, ist zu Eurer Kenntnis gelangt, daß sich in unserer Zeit erneuert hat, was in den Psalmen als Frage ausgesprochen wird: Was toben die Heiden und ersinnen die Völker Nichtiges? Die Könige der Erde haben sich erhoben, und die Fürsten sind zusammengekommen wider den Herrn und seinen Gesalbten», heißt es gleich zu Beginn, um heilsgeschichtlich die Erfahrung einzuordnen, daß er feindlicher Waffengewalt hatte weichen und die *cathedra Petri* dem Gegenpapst überlassen müssen. Den Grund oder zumindest die Veranlassung für die apokalyptisch ausgemalten «Erschütterungen und Bedrängnisse, die wir von den Feinden der christlichen Religion erleiden», war Gregor bereit, rückblikkend in gewissem Sinne bei sich selbst zu suchen: «Seitdem nämlich nach göttlichem Ratschluß die Mutter Kirche mich durchaus Unwürdigen – Gott ist Zeuge – gegen meinen Willen auf den apostolischen Thron gesetzt hat, habe ich mit aller Kraft darauf hingewirkt, daß die heilige Kirche, die Braut Gottes, unsere Herrin und Mutter, zu der ihr eigenen Zier zurückkehre und frei, rein und allgemein (*libera casta et catholica*) bleibe. Doch da dies insgesamt dem alten Feind mißfiel, bewaffnete er seine Glieder gegen uns, um alles ins Gegenteil zu verkehren.» Der Papst war also durchaus imstande, sein aktuelles Unglück nicht als unverhofftes Verhängnis, sondern als eine (natürlich verwerfliche) Reaktion auf sein eigenes Bemühen um die Erneuerung der Kirche zu begreifen. Da er von der Richtigkeit, ja Notwendigkeit seines Verhaltens unerschütterlich überzeugt war, hatte er keinen Grund zur Verzweiflung, sondern ließ seinen Brief ausklingen in einen Appell, im Eifer für die richtige Sache nicht nachzulassen: «Wenn Ihr dies glaubt und unbeirrt festhaltet, dann bitte ich Euch und befehle als Euer geringster Bruder und unwürdiger Lehrer beim allmächtigen Gott: Helft und steht bei Eurem genannten Vater und Eurer Mutter» (d. h. dem hl. Petrus und der römischen Kirche), «wenn Ihr durch sie Lossprechung von allen Sünden, Segen und Gnade in dieser Welt und der zukünftigen erhalten wollt.»

Wieviel Resonanz dieser Hilferuf gefunden hat, der bei einem lothringischen Geschichtsschreiber überliefert ist, steht ebenso dahin wie die Reichweite der Informationen, die Gregor in seiner Salernitaner Abgeschiedenheit noch zugingen. Von einem beachtlichen Sieg der Truppen Mathildes über die Kaiserlichen am 2. Juli 1084 in Oberitalien wird er gewiß erfahren haben und zumindest in großen Zügen vom resoluten Auftreten des heimgekehrten Heinrich IV., der in Deutschland neue Bischöfe investierte und mit einem Teil der Sachsen Frieden schloß, um den Gegenkönig Hermann weiter in die Enge zu treiben. Sehr fraglich ist dagegen, ob Gregor Kontakt zu seinem Kardinallegaten Odo halten konnte, der Anfang 1085 nach Thüringen und Sachsen vordrang, sich in einem öffentlichen Disput mit den

Anhängern des Kaisers zu behaupten hatte und zu Ostern eine Synode in Quedlinburg abhielt, auf der immerhin elf deutsche Bischöfe erschienen und vier weitere sich vertreten ließen, während Heinrich gleich danach in Mainz im Beisein von drei Kardinälen des Gegenpapstes und 23 Bischöfen daran ging, alle noch verbliebenen «Gregorianer» im Reichsepiskopat durch ihm ergebene Nachfolger zu ersetzen.

Neben zwei Privilegien, die Gregor am 11. Dezember 1084 und noch am 9. Mai 1085 in Salerno ausgestellt hat, liegt eine Aufzeichnung über die von Krankheit überschatteten letzten Wochen und Tage vor seinem Tod am 25. Mai 1085 vor, die sehr bald danach von seinen treuen Anhängern angelegt und zur Festigung der eigenen Position verbreitet wurde. Demnach hat der Papst auf die Frage nach seinem bevorzugten Nachfolger drei Namen von Abwesenden genannt: den seit 1080 aus Lucca vertriebenen Bischof Anselm II., der in Mathildes Umgebung lebte, Kardinal Odo von Ostia, der sich als Legat in Deutschland aufhielt, oder den zum Erzbischof von Lyon aufgestiegenen langjährigen Legaten in Frankreich, Hugo von Die. Bezüglich der vielen von ihm Exkommunizierten verfügte er, alle, die an seine «Vollmacht als Stellvertreter des hl. Petrus» glaubten, sollten losgesprochen sein, nicht dagegen «der sogenannte König Heinrich und der Ravennater Erzbischof», die gleich ihren führenden Parteigängern eine angemessene Buße leisten müßten. Schließlich beschwor er alle Umstehenden, nach ihm keinen Papst anzuerkennen, der nicht auf kanonische Weise gewählt und geweiht sei. Danach sollen seine letzten Worte gewesen sein: «Ich habe die Gerechtigkeit geliebt und das Unrecht gehaßt, darum sterbe ich in der Verbannung», in Abwandlung des 44. Psalms, der für solches Verhalten eigentlich in Aussicht stellte: «darum hat mich Gott der Herr gesalbt mit dem Öl der Freude vor meinen Gefährten». Paul Egon Hübinger hat gezeigt, daß aus dieser Kontrafaktur keine grimmige Verzweiflung spricht, sondern die Zuversicht auf das ewige Heil derjenigen, die auf Erden leiden für die Gerechtigkeit.

# Ausblick

Gregors Tod im Exil machte überdeutlich, in welchem Maße er seine Ziele verfehlt hatte. Die von ihm mehrfach aus der Kirche ausgestoßenen «Häresiarchen» beherrschten Mitte 1085 das Feld, während seine verstörten Getreuen sich darüber austauschten, wie es sein könne, daß die heilige Mutter Kirche derart gedemütigt und ihr inständiges Gebet nicht erhört werde, ob es etwa nicht gerechtfertigt sei, für die wahre Lehre zu den Waffen zu greifen, und wie man künftig noch den Sakramenten der Schismatiker würde entgehen können. Gregors Forcierung der primatialen Obergewalt und sein unerbittlicher Kampf gegen den salischen Herrscher schienen in eine historische Sackgasse geführt zu haben, wohingegen Wibert/Clemens, der Kirchenhoheit und Investiturrecht des Kaisers anerkannte, aber gegen Simonie und Klerikerehe genauso Front machte wie die früheren Reformpäpste, die realistischere, Einheit stiftende Linie repräsentierte. Tatsächlich benötigte die geschrumpfte Partei Gregors nach seinem Tod ein volles Jahr, bis mit Abt Desiderius, den der verstorbene Papst nicht vorgeschlagen hatte, ein Nachfolger gefunden war, der sich jedoch insgesamt nur wenige Wochen als Viktor III. in Rom aufhalten konnte und bis zu seinem baldigen Tod (1087) zumeist in Montecassino verblieb. Erst dem 1088 in Terracina als Urban II. erhobenen Odo von Ostia, der 1094 endgültig in den Lateran einziehen konnte, gelang ein allmählicher Wiederaufstieg des gregorianischen Papsttums, der in der Frankreichreise und dem Kreuzzugsaufruf von 1095/96 gipfelte und dazu führte, daß das kaiserliche Gegenpapsttum nach Wiberts Tod (1100) keine nennenswerte Fortsetzung erfuhr. Über Gregors Nachruhm, über seinen Platz in der Geschichte, haben ganz wesentlich die im Grundsatz festen, in der Form beweglicheren, im Ergebnis glücklicheren Nachfolger seiner Obedienz entschieden.

Dabei hat sich die hochmittelalterliche Kirche durchaus nicht alles zu eigen gemacht, was mit Gregors Namen verbunden war. Vor allem die radikalen Verdikte seiner späten Jahre über den heidnischen und sündhaften Ursprung des Königtums als Ausdruck menschlichen Übermuts sowie sein Anspruch auf unbeschränkte päpstliche Verfügungsmacht nicht nur über die geistlichen, sondern auch über alle weltlichen Würden auf Erden sind zwar in Kanonistik und Theologie der Folgezeit präsent geblieben, aber von Gregors Nachfolgern auf dem Stuhl Petri nicht weiter vertreten worden, bis sich im 13. Jahrhundert auf dem Umweg über die Ketzerbekämpfung und über den päpstlichen Anspruch auf Lehnshoheit ganz neue Zugriffe fanden, um unliebsame Fürsten kraft höchster geistlicher Autorität belangen zu können. Auch in anderer Hinsicht enthielten Gregors Verlautbarungen vielerlei eher impulsive und begrifflich unscharfe Formulierungen, die sich zur Übernahme in die kirchenrechtliche Quellenliteratur wenig eigneten, weshalb sein Anteil am maßgeblich gewordenen Decretum Gratiani (um 1140) verschwindend gering ausfiel. Weit mehr wird die Wirkung seines Pontifikats greifbar, wenn man weniger die Verbreitung seiner Lehren als die Nachhaltigkeit der von ihm beförderten Entwicklungen betrachtet. Die rapide Zuspitzung des Kirchenrechts auf den römischen Primat als tragenden Grund, die Etablierung zentraler Synoden der lateinischen Gesamtkirche, die Intensivierung des päpstlichen Legatenverkehrs und die Entstehung kurialer Behörden, auch die Flut der einzeln erbetenen Privilegien und Dekretalen des 12./13. Jahrhunderts sind ohne das Auftreten Gregors VII. so wenig zu erklären wie die gleichzeitige Relativierung des Kaisertums und die immer bewußtere Differenzierung von Klerus und Laien, von geistlicher und weltlicher Gewalt.

Zu einem ausdrücklichen Heiligen der Kirche ist Gregor nicht im Mittelalter, sondern erst im Zuge von Reformation und Gegenreformation geworden, als der ausgeprägte Papalismus der mittelalterlichen Kirche zu einem Hauptthema des konfessionellen Streits geworden war und gerade Gregor auf protestantischer Seite in Verruf brachte. Dagegen richtete sich

1609 die Entscheidung Papst Pauls V., einen wohl erst im 16. Jahrhundert üblich gewordenen Heiligenkult am Grab im Dom von Salerno zu legitimieren, der sich dann in Italien weiter ausbreitete. Als ihn Benedikt XIII. 1728 auf die gesamte Kirche ausdehnte, provozierte er lebhaften Widerstand bei katholischen Monarchien wie den Bourbonen und Habsburgern, die eine öffentliche Verehrung des Vorkämpfers gegen die königliche Kirchenhoheit jahrzehntelang zu unterbinden suchten. Im 19. Jahrhundert stach mehr die von Gregor verfochtene Universalität des Primats ins Auge, die ihn bei der national gestimmten Mehrheit der Historiker suspekt machte und in Deutschland durch Bismarcks Diktum von 1872 («Nach Canossa gehen wir nicht») den Canossagang zum sprichwörtlichen Ausdruck für schändliche Demütigung geraten ließ. Daß man im Lichte der Erfahrungen des 20. Jahrhunderts mittlerweile der Abkehr des Papstes von der Dominanz des salischen Imperiums und seiner Hinwendung zu allen christlichen Völkern des Kontinents auch positive Seiten abgewinnen kann, zeigte der Kongreß, der sich 900 Jahre nach Gregors Tod in Salerno dem 1985 zeitgemäß gewordenen Thema widmete: «La riforma gregoriana e l'Europa».

# Bibliographie

## Quellen


Das Register Gregors VII., hg. v. E. Caspar (Monumenta Germaniae Historica. Epistolae selectae, Bd. 2, Berlin 1920–1923)

The Epistolae Vagantes of Pope Gregory VII, ed. and transl. by H. E. J. Cowdrey (Oxford 1972)

L. Santifaller, Quellen und Forschungen zum Urkunden- und Kanzleiwesen Papst Gregors VII., Bd. 1: Quellen (Città del Vaticano 1957)

Die Briefe Heinrichs IV., hg. v. C. Erdmann (Monumenta Germaniae Historica. Deutsches Mittelalter, Bd. 1, Leipzig 1937)

Quellen zum Investiturstreit, 1. Teil: Ausgewählte Briefe Papst Gregors VII., übers. v. F.-J. Schmale (Darmstadt 1978)

Quellen zur Geschichte Kaiser Heinrichs IV., neu übers. v. F.-J. Schmale/ I. Schmale-Ott (Darmstadt 1963)

Gregorii P. P. VII Vita a Paulo Bernriedensi conscripta, in: Pontificum Romanorum Vitae ab aequalibus conscriptae, ed. J. M. Watterich, Bd. 1 (Lipsiae 1862) S. 474–546


## Literatur


G. Althoff, Heinrich IV. (Darmstadt 2006)

A. Becker, Studien zum Investiturproblem in Frankreich. Papsttum, Königtum und Episkopat im Zeitalter der gregorianischen Kirchenreform (Saarbrükken 1955)

K. J. Benz, Kirche und Gehorsam bei Papst Gregor VII. Neue Überlegungen zu einem alten Thema, in: Papsttum und Kirchenreform. Festschrift für G. Schwaiger zum 65. Geburtstag, hg. v. M. Weitlauff u. a. (St. Ottilien 1990) S. 97–150

St. Beulertz, Das Verbot der Laieninvestitur im Investiturstreit (Hannover 1991)

St. Beulertz, Gregor VII. als «Publizist». Zur Wirkung des Schreibens Reg. VIII, 21, in: Archivum Historiae Pontificiae 32 (1994) S. 7–29

M. Black-Veldtrup, Kaiserin Agnes (1043–1077). Quellenkritische Studien (Köln u. a. 1995)

U.-R. Blumenthal, Zu den Datierungen Hildebrands, in: Forschungen zur Reichs-, Papst- und Landesgeschichte, P. Herde zum 65. Geburtstag, hg. v. K. Borchardt u. a., Bd. 1 (Stuttgart 1998) S. 145–154

U.-R. Blumenthal, Gregor VII. Papst zwischen Canossa und Kirchenreform (Darmstadt 2001)

E. Boshof, Die Salier (Stuttgart u. a. [4]2000)
R. Bünemann, Robert Guiscard 1015–1085. Ein Normanne erobert Süditalien (Köln u. a. 1997)
G. M. Cantarella, Il sole e la luna. La rivoluzione di Gregorio VII papa, 1073–1085 (Roma u. a. 2005)
E. Caspar, Gregor VII. in seinen Briefen, in: Historische Zeitschrift 130 (1924) S. 1–30
H. E. J. Cowdrey, Pope Gregory VII's «Crusading» Plans of 1074, in: Outremer. Studies in the history of the Crusading Kingdom of Jerusalem, Presented to J. Prawer, ed. by B. Z. Kedar u. a. (Jerusalem 1982) S. 27–40
H. E. J. Cowdrey, The Age of Abbot Desiderius. Montecassino, the Papacy and the Normans in the Eleventh and Early Twelfth Centuries (Oxford 1983)
H. E. J. Cowdrey, Pope Gregory VII and the Bearing of Arms, in: Montjoie. Studies in Crusade History in Honour of H. E. Mayer, ed. by B. Z. Kedar u. a. (Aldershot 1997) S. 21–35
H. E. J. Cowdrey, Pope Gregory VII 1073–1085 (Oxford 1998)
H. E. J. Cowdrey, Pope Gregory VII (1073–85) and the liturgy, in: The Journal of theological studies 55 (2004) S. 55–83
J. Deér, Papsttum und Normannen. Untersuchungen zu ihren lehnsrechtlichen und kirchenpolitischen Beziehungen (Köln u. a. 1972)
J. Englberger, Gregor VII. und die Investiturfrage. Quellenkritische Studien zum angeblichen Investiturverbot von 1075 (Köln u. a. 1996)
C. Erdmann, Die Anfänge der staatlichen Propaganda im Investiturstreit, in: Historische Zeitschrift 154 (1936) S. 491–512
C. Erdmann, Studien zur Briefliteratur Deutschlands im elften Jahrhundert (Leipzig 1938)
A. Fliche, La réforme grégorienne, Bd. 1–3 (Louvain u. a. 1924–1937)
G. Fornaciari u. a., Il regime di vita e il quadro fisio-clinico di Gregorio VII, in: Rassegna storica salernitana N. S. 2/2 (1985) S. 31–90
J. Fried, Der päpstliche Schutz für Laienfürsten. Die politische Geschichte des päpstlichen Schutzprivilegs für Laien (11.–13. Jh.) (Heidelberg 1980)
J. Fried, Der Pakt von Canossa. Schritte zur Wirklichkeit durch Erinnerungsanalyse, in: Die Faszination der Papstgeschichte. Neue Zugänge zum frühen und hohen Mittelalter, hg. v. W. Hartmann/K. Herbers (Köln u. a. 2008) S. 133–197
H. Fuhrmann, Das Reformpapsttum und die Rechtswissenschaft, in: Investiturstreit und Reichsverfassung, hg. v. J. Fleckenstein (Sigmaringen 1973) S. 175–203
H. Fuhrmann, «Quod catholicus non habeatur, qui non concordat Romanae ecclesiae». Randnotizen zum Dictatus Papae, in: Festschrift für H. Beumann zum 65. Geburtstag, hg. v. K.-U. Jäschke u. a. (Sigmaringen 1977) S. 263–287
H. Fuhrmann, Gregor VII., «Gregorianische Reform» und Investiturstreit, in: M. Greschat (Hg.), Das Papsttum 1: Von den Anfängen bis zu den Päpsten in Avignon (Stuttgart u. a. 1985) S. 155–175

J. Gilchrist, The Reception of Pope Gregory VII into the Canon Law (1073–1141), in: Zeitschrift der Savigny-Stiftung für Rechtsgeschichte, Kanonistische Abteilung 59 (1973) S. 35–82 und 66 (1980) S. 192–229

H.-W. Goetz, Tradition und Geschichte im Denken Gregors VII., in: Historiographia mediaevalis. Festschrift für F.-J. Schmale zum 65. Geburtstag, hg. v. D. Berg u. a. (Darmstadt 1988) S. 138–148

E. Goez, Beatrix von Canossa und Tuszien. Eine Untersuchung zur Geschichte des 11. Jahrhunderts (Sigmaringen 1995)

W. Goez, Zur Erhebung und ersten Absetzung Papst Gregors VII., in: Römische Quartalschrift 63 (1968) S. 117–144

W. Goez, Zur Persönlichkeit Gregors VII., in: Römische Quartalschrift 73 (1978) S. 193–216

W. Goez, Markgräfin Mathilde von Canossa, in: ders., Lebensbilder aus dem Mittelalter (Darmstadt 1998) S. 233–254, 513 f.

W. Goez, Kirchenreform und Investiturstreit 910–1122 (Stuttgart u. a. 2000)

G. Gresser, Die Synoden und Konzilien in der Zeit des Reformpapsttums in Deutschland und Italien von Leo IX. bis Calixt II. 1049–1123 (Paderborn u. a. 2006)

M. Gude, Die «fideles sancti Petri» im Streit um die Nachfolge Papst Gregors VII., in: Frühmittelalterliche Studien 27 (1993) S. 290–316

D. Hägermann, Das Papsttum am Vorabend des Investiturstreits. Stephan IX. (1057–1058), Benedikt X. (1058) und Nikolaus II. (1058–1061) (Stuttgart 2008)

O. Hageneder, Die Häresie des Ungehorsams und das Entstehen des hierokratischen Papsttums, in: Römische historische Mitteilungen 20 (1978) S. 29–47

W. Hartmann, Der Investiturstreit (München ³2007)

I. Heidrich, Ravenna unter Erzbischof Wibert (1073–1100). Untersuchungen zur Stellung des Erzbischofs und Gegenpapstes Clemens III. in seiner Metropole (Sigmaringen 1984)

R. Hiestand, Planung – Improvisation – Zufall. Politisches Handeln im 11. Jahrhundert: oder noch einmal Piacenza 1076, in: Von Sacerdotium und Regnum. Festschrift für E. Boshof zum 65. Geburtstag (Köln u. a. 2002) S. 361–379

H. Hoffmann, Zum Register und zu den Briefen Papst Gregors VII., in: Deutsches Archiv 32 (1976) S. 86–130

P. E. Hübinger, Die letzten Worte Papst Gregors VII. (Opladen 1973)

R. Hüls, Kardinäle, Klerus und Kirchen Roms 1049–1130 (Tübingen 1977)

J. Jarnut/M. Wemhoff (Hg.), Vom Umbruch zur Erneuerung? Das 11. und beginnende 12. Jahrhundert – Positionen der Forschung (München 2006)

D. Jasper, Das Papstwahldekret von 1059. Überlieferung und Textgestalt (Sigmaringen 1986)

J. Johrendt, «Ich habe die Gerechtigkeit geliebt und die Ungerechtigkeit gehasst». Gregor VII. in Konflikt und Krise, in: M. Matheus/L. Klinkhammer (Hg.), Eigenbild im Konflikt. Krisensituationen des Papsttums zwischen Gregor VII. und Benedikt XV. (Darmstadt 2009) S. 20–44

H. Keller, Die Investitur. Ein Beitrag zum Problem der «Staatssymbolik» im Hochmittelalter, in: Frühmittelalterliche Studien 27 (1993) S. 51–86

A. Kohnle, Abt Hugo von Cluny (1049–1109) (Sigmaringen 1993)

J. Laudage, Priesterbild und Reformpapsttum im 11. Jahrhundert (Köln u. a. 1984)

J. Laudage, Gregorianische Reform und Investiturstreit (Darmstadt 1993)

J. Laudage, Gregor VII. – ein intoleranter Papst?, in: Toleranz im Mittelalter, hg. v. A. Patschovsky/H. Zimmermann (Sigmaringen 1998) S. 53–73

K. Leyser, Gregory VII and the Saxons, in: ders., Communication and Power in Medieval Europe. The Gregorian Revolution and Beyond (London u. a. 1994) S. 69–75

L. F. J. Meulenberg, Der Primat der römischen Kirche im Denken und Handeln Gregors VII. ('s-Gravenhage 1965)

G. Meyer von Knonau, Jahrbücher des deutschen Reiches unter Heinrich IV. und Heinrich V., Bd. 1–4 (Leipzig 1890–1903)

I. S. Robinson, Periculosus homo: Gregory VII and Episcopal Authority, in: Viator 9 (1978) S. 103–131

I. S. Robinson, Authority and Resistance in the Investiture Contest. The Polemical Literature of the Late Eleventh Century (Manchester 1978)

I. S. Robinson, The Dissemination of the Letters of Pope Gregory VII During the Investiture Contest, in: Journal of Ecclesiastical History 34 (1983) S. 175–193

R. Schieffer, Gregor VII. Ein Versuch über die historische Größe, in: Historisches Jahrbuch 97/98 (1978) S. 87–107

R. Schieffer, Die Entstehung des päpstlichen Investiturverbots für den deutschen König (Stuttgart 1981)

R. Schieffer, Geistliches Amt und schnöder Mammon. Zur Bewertung der Simonie im hohen Mittelalter, in: Mediaevalia Augiensia. Forschungen zur Geschichte des Mittelalters, hg. v. J. Petersohn (Stuttgart 2001) S. 359–374

R. Schieffer, Motu proprio. Über die papstgeschichtliche Wende im 11. Jahrhundert, in: Historisches Jahrbuch 122 (2002) S. 27–41

R. Schieffer, War Gregor VII. Mönch?, in: Historisches Jahrbuch 125 (2005) S. 351–362

T. Schmidt, Zu Hildebrands Eid vor Kaiser Heinrich III., in: Archivum Historiae Pontificiae 11 (1973) S. 374–386

T. Schmidt, Alexander II. (1061–1073) und die römische Reformgruppe seiner Zeit (Stuttgart 1977)

Ch. Schneider, Prophetisches Sacerdotium und heilsgeschichtliches Regnum im Dialog 1073–1077. Zur Geschichte Gregors VII. und Heinrichs IV. (München 1972)

F. Staab, Zur «romanitas» bei Gregor VII., in: Deus qui mutat tempora. Festschrift für A. Becker, hg. v. E.-D. Hehl u. a. (Sigmaringen 1987) S. 101–113

Ch. Stiegemann/M. Wemhoff (Hg.), Canossa 1077. Erschütterung der Welt. Geschichte, Kunst und Kultur am Aufgang der Romanik, Bd. 1–2 (München 2006)

M. Stoller, Eight Anti-Gregorian Councils, in: Annuarium Historiae Conciliorum 17 (1985) S. 252–321

T. Struve, Salierzeit im Wandel. Zur Geschichte Heinrichs IV. und des Investiturstreites (Köln u. a. 2006)

Studi Gregoriani, Bd. 1–14 (Roma 1947–1991)

G. Tellenbach, Libertas. Kirche und Weltordnung im Zeitalter des Investiturstreits (Stuttgart 1936)

G. Tellenbach, Die westliche Kirche vom 10. bis zum frühen 12. Jahrhundert (Göttingen 1988)

H. Thomas, Gregors VII. imperiale Politik und der Ausbruch seines Streites mit Heinrich IV., in: Festschrift für E. Hlawitschka zum 65. Geburtstag, hg. v. K. R. Schnith u. a. (Kallmünz 1993) S. 251–265

J. Vogel, Gregors VII. Abzug aus Rom und sein letztes Pontifikatsjahr in Salerno, in: Tradition als historische Kraft. Interdisziplinäre Forschungen zur Geschichte des frühen Mittelalters, hg. von N. Kamp u. a. (Berlin u. a. 1982) S. 341–349

J. Vogel, Zur Kirchenpolitik Heinrichs IV. nach seiner Kaiserkrönung und zur Wirksamkeit der Legaten Gregors VII. und Clemens' (III.) im deutschen Reich 1084/85, in: Frühmittelalterliche Studien 16 (1982) S. 161–192

J. Vogel, Gregor VII. und Heinrich IV. nach Canossa. Zeugnisse ihres Selbstverständnisses (Berlin u. a. 1983)

St. Weinfurter, Das Jahrhundert der Salier (1024–1125) (Ostfildern 2004)

St. Weinfurter, Canossa. Die Entzauberung der Welt (München 2006)

C. Zey, Die Synode von Piacenza und die Konsekration Tedalds zum Erzbischof von Mailand im Februar 1076, in: Quellen und Forschungen aus italienischen Archiven und Bibliotheken 76 (1996) S. 496–509

J. Ziese, Wibert von Ravenna. Der Gegenpapst Clemens III. (1084–1100) (Stuttgart 1982)

H. Zimmermann, Wurde Gregor VII. 1076 in Worms abgesetzt?, in: Mitteilungen des Instituts für österreichische Geschichtsforschung 78 (1970) S. 121–131

H. Zimmermann, Der Canossagang von 1077. Wirkungen und Wirklichkeit (Wiesbaden 1975)

Th. Zotz, Der südwestdeutsche Adel und seine Opposition gegen Heinrich IV., in: D. R. Bauer u. a. (Hg.), Welf IV. – Schlüsselfigur einer Wendezeit. Regionale und europäische Perspektiven (München 2004) S. 339–359

O. Zumhagen, Religiöse Konflikte und kommunale Entwicklung. Mailand, Cremona, Piacenza und Florenz zur Zeit der Pataria (Köln u. a. 2002)

# Zeittafel

| | |
|---|---|
| um 1020 | Geburt Hildebrands |
| 1024–1032 | Papst Johannes XIX. |
| 1032–1045 | Papst Benedikt IX. |
| 1039–1056 | König Heinrich III. |
| 1044–1045 | Papst Silvester III. |
| 1045–1046 | Papst Gregor VI. |
| 1046 | (20.12.) Synode von Sutri: Resignation Gregors VI.<br>(24.12.) Papstwahl Suidgers von Bamberg (Clemens II.)<br>(25.12.) Kaiserkrönung Heinrichs III. |
| 1047–1049 | Exil Hildebrands nördlich der Alpen |
| 1047 | (9.10.) Tod Papst Clemens' II. |
| 1048 | (17.7.–9.8.) Papst Damasus II. (Poppo von Brixen) |
| 1049 | (Febr.) Eintreffen Papst Leos IX. (Bruno von Toul) mit Hildebrand in Rom |
| 1050 | Einsetzung des Subdiakons Hildebrand zum Verwalter von S. Paolo fuori le mura |
| 1054 | (Frühjahr) Legation Hildebrands nach Frankreich<br>(19.4.) Tod Papst Leos IX.<br>(Herbst) Legation Hildebrands zu Kaiser Heinrich III. |
| 1055 | (April) Eintreffen Papst Viktors II. (Gebhard von Eichstätt) in Rom<br>(4.6.) Begegnung Hildebrands mit Papst und Kaiser in Florenz |
| 1056 | (Frühjahr) Legation Hildebrands nach Frankreich<br>(5.10.) Tod Kaiser Heinrichs III. |
| 1057 | (28.7.) Tod Papst Viktors II.<br>(2.8.) Papstwahl Stephans IX. (Friedrich von Lothringen) |
| 1057/58 | (Herbst/Winter) Legation Hildebrands nach Mailand und zu Kaiserin Agnes |
| 1058 | (29.3.) Tod Papst Stephans IX.<br>(5.4.) Wahl des Gegenpapstes Benedikt X.<br>(6.12.) Papstwahl Nikolaus' II. (Gerhard von Florenz) in Siena |
| 1059 | (Januar) Eintreffen Nikolaus' II. mit Hildebrand als Archidiakon in Rom, Verdrängung des Gegenpapstes<br>(April/Mai) Lateransynode mit Papstwahldekret<br>(23.8.) Synode in Melfi mit Belehnung der Normannen |
| 1061 | (20.7.) Tod Papst Nikolaus' II.<br>(1.10.) Papstwahl Alexanders II. (Anselm I. von Lucca) |

(28.10.) Proklamation des Cadalus von Parma zum Gegenpapst Honorius II. in Basel
1062 (Frühjahr) Entmachtung der Kaiserin Agnes
(Okt.) Synode in Augsburg
1064 (Mai) Synode in Mantua: Verurteilung von Cadalus/Honorius II.
1065 (März) Schwertleite (Regierungsantritt) König Heinrichs IV.
1071/72 Ausbruch des Schismas in Mailand
1073 (21.4.) Tod Papst Alexanders II.
(22.4.) Papstwahl Hildebrands (Gregor VII.)
(22.5.) Priesterweihe
(30.6.) Bischofsweihe
1075 (Anfang) Formulierung des Dictatus papae
(Ende) Letzte Warnung an Heinrich IV.
1076 (24.1.) Reichssynode in Worms: Absage an Gregor VII.
(Mitte Febr.) Lateransynode mit Bannung Heinrichs IV., Suspension der Bischöfe
(27.3.) Reaktion Heinrichs IV. in Utrecht
(Mitte Okt.) Fürstenversammlung in Tribur
1077 (25.1.) Bannlösung Heinrichs IV. durch Gregor VII. in Canossa
(15.3.) Wahl des Gegenkönigs Rudolf in Forchheim
(Sept.) Rückkehr Gregors VII. nach Rom
1078 (Nov.) Lateransynode mit erstem allgemeinen Investiturverbot
1080 (März) Lateransynode mit erneuter Bannung Heinrichs IV. und Anerkennung Rudolfs
(25.6.) Nominierung Wiberts von Ravenna zum Gegenpapst in Brixen
(29.6.) Bannlösung und Belehnung Robert Guiscards durch Gregor VII. in Ceprano
(15./16.10.) Tod des Gegenkönigs Rudolf infolge der Schlacht an der Weißen Elster
1081 (April) Eintreffen Heinrichs IV. in Italien
(Mai/Juni) Heinrich IV. vor Rom
(6.8.) Wahl des Gegenkönigs Hermann in Ochsenfurt
1082 (Febr.–Mai) Heinrich IV. erneut vor Rom
1083 (Febr.–Juni) Heinrich IV. abermals vor Rom
(3.6.) Einnahme der Leostadt
(Nov.) Letzte Lateransynode Gregors VII.
1084 (21.3.) Einzug Heinrichs IV. in Rom
(24.3.) Wahl und Inthronisierung Wiberts als Gegenpapst Clemens III.
(31.3.) Kaiserkrönung Heinrichs IV.
(21.5.) Abzug Heinrichs IV. aus Rom

| | |
|---|---|
| | (Ende Mai) Einzug Robert Guiscards in Rom, Befreiung Gregors VII. aus der Engelsburg |
| | (Juni) Abzug Robert Guiscards mit Gregor VII. aus Rom, Ankunft des Papstes in Salerno |
| | (Herbst) Synode in Salerno |
| 1085 | (25.5.) Tod Gregors VII. in Salerno |
| 1086–1087 | Papst Viktor III. (Desiderius von Montecassino) |
| 1088–1099 | Papst Urban II. (Odo von Ostia) |
| 1100 | (8.9.) Tod Clemens' III. in Cività Castellana |

# Personenregister


Adelheid, Mkgfin. v. Turin 61 f.
Agnes, Ksn. 18–20, 25–27, 44, 48 f., 59, 61, 65
Alexander II. (Anselm), Papst 19, 25–30, 41, 47, 82
Alexios I., byz. Ks. 90
Alfanus, Ebf. v. Salerno 97
Alfons VI., Kg. v. León-Kastilien 86
Altmann, Bf. v. Passau 60, 88
Anazir, Kg. v. Mauretanien 45
Anno, Ebf. v. Köln 26 f.
Anselm II., Bf. v. Lucca 48 f., 65, 99
Arnulf von Mailand 51
Atto, Ebf. v. Mailand 29, 51
Beatrix, Mkgfin. v. Tuszien 18, 44, 46, 49
Benedikt IX., Papst 11–14
Benedikt X., Papst 20, 24
Benno, Bf. v. Osnabrück 72, 92
Benzo, Bf. v. Alba 26
Berengar von Tours 16, 74
Bernhard, Abt v. St-Victor 65 f.
Bernhard, Kard. 65 f., 70 f.
Bertha, Kgn. 60, 95
Berthold, Hz. v. Kärnten 57, 66
Bonifatius v. Albano, Kard. 17, 22
Bonizo, Bf. v. Sutri 76
Bruno von Magdeburg 73
Cencius, röm. Adliger 53
Clemens II., Papst 13–15, 94
Clemens III. (Wibert), Papst 20, 23, 70, 80, 82–84, 89–97, 99 f.
Cyriacus, Ebf. v. Karthago 45
Damasus II., Papst 14
Desiderius v. Montecassino *siehe* Viktor III.
Dionysius, Bf. v. Piacenza 65
Ennodius, Bf. v. Pavia 36
Erlembald, Pataria-Führer 28 f., 48, 51
Gebhard, Ebf. v. Salzburg 66
Gerard v. Ostia, Kard. 65
Geza, Kg. v. Ungarn 42
Gottfried d. Bärtige, Hz. v. Lothringen 15, 18, 20, 26
Gottfried d. Bucklige, Hz. v. Lothringen 32
Gottfried, Ebf. v. Mailand 28 f., 51
Gottschalk, Propst v. Aachen 57, 91
Gregor I., Papst 12, 32
Gregor VI., Papst 12–14, 32, 95 f.
Gregor VII. (Hildebrand) passim
Harald Hein, Kg. v. Dänemark 42
Heinrich I., Kg. v. Frkr. 15
Heinrich III., Ks. 12–18, 20, 23, 25–27, 31, 40, 47, 54 f., 89, 94
Heinrich IV., Ks. 7, 9, 18–20, 23, 27, 29 f., 34, 37, 40–42, 44 f., 47–74, 76–99
Hermann v. Salm, Kg. 90, 98
Hermann, Bf. v. Bamberg 49 f.
Hermann, Bf. v. Metz 58, 86, 88
Hildebrand (Gregor VII.) passim
Honorius II. (Cadalus), Papst 26–28, 47, 82
Hugo Candidus, Kard. 15, 28, 53, 80
Hugo, Abt v. Cluny 46, 59, 61 f., 71, 75, 86
Hugo, Bf. v. Die, Ebf. v. Lyon 68 f., 85, 99
Humbert v. Silva Candida, Kard. 15, 17–22, 24 f., 31, 34, 68
Isjaslaw, Großfürst v. Kiew 45
Jarento, Abt v. St-Bénigne 97
Jaropolk, Sohn Isjaslaws 45

Johannes XIX., Papst 11
Jordan, Fürst v. Capua 81, 91 f.
Konrad, Sohn Heinrichs IV. 53, 60, 89
Kunibert, Bf. v. Turin 65
Laurentius, Ebf. v. Amalfi 11
Leo IX., Papst 14–18, 25, 39
Liemar, Ebf. v. Hamburg-Bremen 33, 49 f., 76
Ludwig d. Fromme, Ks. 23
Magnus, dän. Kg.ssohn 41
Manasse, Ebf. v. Reims 85
Manegold von Lautenbach 78
Mathilde, Mkgfin. v. Tuszien 44, 46, 49, 59, 61 f., 66, 84, 88–90, 92, 98
Michael VII., byz. Ks. 44, 74
Nikephoros III., byz. Ks. 74
Nikolaus II. (Gerhard), Papst 20, 22–25
Odo v. Ostia *siehe* Urban II.
Paul von Bernried 9
Petrus Damiani, Kard. 16, 22, 25, 27, 31, 34, 37, 47
Petrus v. Albano, Kard. 72, 97
Philipp I., Kg. v. Frkr. 43, 68 f., 85
Richard v. Aversa, Normannenfürst 24 f.
Robert Guiscard, Normannenfürst 25, 43 f., 56, 70, 81 f., 88–92, 94, 96
Roger I., Normannenfürst 43, 56
Rudolf v. Schwaben, Kg. 57, 66 f., 69–73, 76–78, 81, 83 f., 86, 90
Rupert, Bf. v. Bamberg 76
Salomon, Kg. v. Ungarn 42
Sancho, Kg. v. Aragón 28, 38
Siegfried, Ebf. v. Mainz 25, 49, 54 f., 60, 66, 72, 79, 90
Sigehard, Patr. v. Aquileia 60, 66
Silvester III., Papst 12 f.
Stephan I., Kg. v. Ungarn 42
Stephan IX. (Friedrich), Papst 15, 18 f., 22
Stephan v. S. Grisogono, Kard. 25
Sven Estridsen, Kg. v. Dänemark 41 f.
Symmachus, Papst 36
Tedald, Ebf. v. Mailand 51, 63, 65, 70
Terdeluachus, Kg. in Irland 40
Udalrich, Bf. v. Padua 72
Udo, Ebf. v. Trier 57
Urban II. (Odo), Papst 45, 92, 97–100
Viktor II., Papst 17 f.
Viktor III. (Desiderius), Papst 25, 81, 88 f., 91, 97, 100
Welf IV., Hz. v. Bayern 57, 66, 71, 88
Wenrich von Trier 78
Werner, Ebf. v. Magdeburg 66
Wibert v. Ravenna *siehe* Clemens III.
Wido, Ebf. v. Mailand 28 f.
Wilhelm d. Eroberer, Kg. v. Engl. 28, 64, 85 f.
Wilhelm, Abt v. Hirsau 88
Wilhelm, Bf. v. Pavia 65
Zacharias, Papst 58